Spanish as a Foreign Language

for Cambridge IGCSE™

WORKBOOK

Manuel Atkinson, Víctor González & Francisco Lara González

Second edition with digital access

Shaftesbury Road, Cambridge CB2 8EA, United Kingdom

One Liberty Plaza, 20th Floor, New York, NY 10006, USA

477 Williamstown Road, Port Melbourne, VIC 3207, Australia

314–321, 3rd Floor, Plot 3, Splendor Forum, Jasola District Centre, New Delhi – 110025, India

103 Penang Road, #05–06/07, Visioncrest Commercial, Singapore 238467

Cambridge University Press & Assessment is a department of the University of Cambridge.

We share the University's mission to contribute to society through the pursuit of education, learning and research at the highest international levels of excellence.

www.cambridge.org
Information on this title: www.cambridge.org/9781009821377

© Cambridge University Press & Assessment 2026

This publication is in copyright. Subject to statutory exception and to the provisions of relevant collective licensing agreements, no reproduction of any part may take place without the written permission of Cambridge University Press & Assessment.

First published 2017
Revised edition 2021
20 19 18 17 16 15 14 13 12 11 10 9 8 7 6 5 4 3 2 1

Printed in Poland by Opolgraf

A catalogue record for this publication is available from the British Library

ISBN   978-1-009-82137-7   Workbook with digital access

Additional resources for this publication at www.cambridge.org/go

Cambridge University Press & Assessment has no responsibility for the persistence or accuracy of URLs for external or third-party internet websites referred to in this publication and does not guarantee that any content on such websites is, or will remain, accurate or appropriate. Information regarding prices, travel timetables, and other factual information given in this work is correct at the time of first printing, but Cambridge University Press & Assessment does not guarantee the accuracy of such information thereafter.

Cambridge International Education material in this publication is reproduced under licence and remains the intellectual property of Cambridge University Press & Assessment.

Third-party websites and resources referred to in this publication are not endorsed.

For EU product safety concerns, contact us at Calle de José Abascal, 56, 1°, 28003 Madrid, Spain, or email eugpsr@cambridge.org

Endorsement statement

Endorsement indicates that a resource has passed Cambridge International Education's rigorous quality-assurance process and is suitable to support the delivery of their syllabus. However, endorsed resources are not the only suitable materials available to support teaching and learning, and are not essential to achieve the qualification. For the full list of endorsed resources to support this syllabus, visit www.cambridgeinternational.org/endorsed-resources.

Any example answers to questions taken from past question papers, practice questions, accompanying marks and mark schemes included in this resource have been written by the authors and are for guidance only. They do not replicate examination papers. In examinations the way marks are awarded may be different. Any references to assessment and/or assessment preparation are the publisher's interpretation of the syllabus requirements. Examiners will not use endorsed resources as a source of material for any assessment set by Cambridge International Education.

While the publishers have made every attempt to ensure that advice on the qualification and its assessment is accurate, the official syllabus, specimen assessment materials and any associated assessment guidance materials produced by the awarding body are the only authoritative source of information and should always be referred to for definitive guidance.

Our approach is to provide teachers with access to a wide range of high-quality resources that suit different styles and types of teaching and learning.

For more information about the endorsement process, please visit www.cambridgeinternational.org/endorsed-resources.

Contenido

	¡Bienvenidos!	2
Unidad 1	Mi familia, mis amigos y yo	7
Unidad 2	Aquí vivo yo	12
Unidad 3	El tiempo libre	18
Unidad 4	Ropa y accesorios	26
Unidades 1–4	Repaso	32
Unidades 1–4	Rincón práctico	36
Unidad 5	Mi instituto	41
Unidad 6	La comida y la bebida	48
Unidad 7	El cuerpo humano y la salud	55
Unidad 8	El deporte	61
Unidades 5–8	Repaso	68
Unidades 5–8	Rincón práctico	70
Unidad 9	Los medios de transporte	74
Unidad 10	Vacaciones y viajes	81
Unidad 11	Comunicación y tecnología	87
Unidad 12	El mundo que nos rodea	93
Unidades 9–12	Repaso	99
Unidades 9–12	Rincón práctico	103
Unidad 13	Mi entorno	107
Unidad 14	El mundo del trabajo	113
Unidad 15	Cultura, costumbres y celebraciones	119
Unidad 16	El mundo internacional	126
Unidades 13–16	Repaso	133
Unidades 13–16	Rincón práctico	136

> Cómo usar esta serie

Este conjunto de recursos apoya a estudiantes y profesores que siguen el programa de estudios de Cambridge IGCSE™ Spanish as a Foreign Language syllabus (0530/7160) para examinar desde 2028. Todos los componentes de la serie están diseñados para funcionar en conjunto y ayudar a los estudiantes a desarrollar los conocimientos y las habilidades necesarias para esta asignatura.

El Libro de Curso está diseñado para que los estudiantes lo usen en clase con la guía del profesor. Incluye una unidad de bienvenida y dieciséis unidades adicionales que abarcan diversos temas para proporcionar una comprensión integral de la lengua y la cultura españolas. Cada unidad incluye secciones de vocabulario, gramática y actividades para desarrollar las habilidades de habla, comprensión auditiva, lectura y escritura, permitiendo a los estudiantes aplicar estas habilidades a un tema específico. Elementos como consejos, recuadros culturales y recuadros lingüísticos proporcionan información adicional a lo largo del curso, lo que permite a los estudiantes profundizar en su comprensión.

La versión digital del Libro de Curso se incluye con la versión impresa y también está disponible por separado.

El Libro de Ejercicios para escribir consolida el aprendizaje del Libro de Curso al brindar oportunidades para una práctica más específica. Se puede usar de manera flexible como un recurso adicional para apoyar el aprendizaje en el aula o en casa para el trabajo individual. El Cuaderno de Ejercicios refleja plenamente la estructura del Manual del Curso, lo cual facilita su navegación. El Cuaderno de Ejercicios también incluye unidades de repaso después de cada cuatro unidades y una sección de evaluación que permite a los alumnos aplicar sus conocimientos y evaluar sus habilidades clave.

La versión digital del Libro de Ejercicios se incluye con la versión impresa.

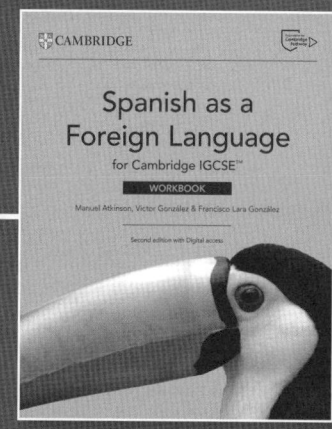

El Recurso Digital para el Profesor ofrece todo lo que los docentes necesitan para impartir este curso. Está repleto de útiles notas de enseñanza e ideas para las lecciones, con sugerencias de diferenciación para apoyar y desafiar a los estudiantes, ideas para la evaluación y orientación con las tareas. También hay disponible una variedad de recursos adicionales, como hojas de trabajo, guiones de audio y de vídeo, y respuestas a las preguntas de los Cuadernos de Ejercicios y del Curso, para ayudar a los docentes a ahorrar tiempo y enriquecer su práctica.

¡Bienvenidos!

1 Completa estos diálogos usando palabras del cuadro de vocabulario. Utiliza el ejemplo como modelo.

> Bien   Encantado   Encantada   ~~Hola~~   Me llamo

a ¡ ....Hola.... ! Soy Carla. ¿Y tú?

.... Francisco. ¿Cómo estás?

.... , gracias.

.... de conocerte, Carla.

....

> Adiós   días   gracias   Hola   Qué tal

b Buenos .... , Samuel.

¡ .... ! ¿ .... ?

Muy bien, ... ¿Y tú?

Muy bien. Hasta mañana.

....

2 Lee los sonidos de las letras del abecedario y escribe la palabra. Utiliza el ejemplo como modelo.

a e, ese, pe, a, eñe, o, ele   ....español....

b de, e, ele, e, te, erre, e, a, erre   ....

c hache, o, ele, a   ....

d be, i, e, ene, uve, e, ene, i, de, o, ese   ....

e jota, u, e, uve, e, ese   ....

f ge, erre, a, ce, i, a, ese   ....

g ce, u, eme, pe, ele, e, a, eñe, o, ese   ....

h a, be, u, e, ele, o   ....

¡Bienvenidos!

3 Deletrea el nombre de estos países donde se habla español.
Utiliza el ejemplo como modelo.

a Venezuela .... uve, e, ene, e, zeta, u, e, ele, a

b Uruguay ....

c Guinea ....

d Honduras ....

e España ....

f Colombia ....

4 Completa la tabla con los días de la semana. Utiliza los ejemplos como modelos.

Ayer	← Hoy →	Mañana
domingo	lunes	martes
	miércoles	
	domingo	
	martes	
	jueves	
	sábado	

5 Lee los números y completa la serie. Utiliza el ejemplo como modelo.

a nueve, dieciocho, veintisiete, ...treinta y seis..., cuarenta y cinco

b once, trece, ..., diecisiete, diecinueve

c diez, ..., treinta, cuarenta, cincuenta

d ...., veintitrés, veinticinco, veintisiete, veintinueve

e dieciséis, veinticuatro, treinta y dos, cuarenta, ...

f treinta y tres, treinta y dos, treinta y uno, treinta, ...

6 Responde a las preguntas. Escribe en letras y números las respuestas.
Utiliza el ejemplo como modelo.

a ¿Cuántos días tienen dos semanas? ...catorce (14)...

b ¿Cuántos días tiene el mes de octubre? ....

c ¿Cuántas horas tiene un día? ....

d ¿Cuántas horas tienen dos días? ....

e ¿Cuántos minutos tiene un cuarto de hora? ....

f ¿Cuántos minutos tiene una media hora? ....

7 Encuentra el nombre de **los meses** del año en la sopa de letras.

8 Escribe la fecha de los cumpleaños de estas personas.
Utiliza el ejemplo como modelo.

a Profesora: 29/05
El cumpleaños de mi profesora es el veintinueve de mayo.

b Ed Sheeran: 17/02
....

c Taylor Swift: 13/12
....

d Emma Watson: 15/04
....

e Leo Messi: 24/06
....

f Demi Lovato: 20/08
....

g Selena Gomez: 22/07
....

9 Busca en internet las banderas de Chile, Uruguay, España, Bolivia, Colombia y Honduras. Completa la tabla. Utiliza el ejemplo como modelo.

País	Colores de la bandera
a Chile	azul, rojo, blanco
b Uruguay	
c España	
d Bolivia	
e Colombia	
f Honduras	

10 Lee las frases y elige la opción correcta. Utiliza el ejemplo como modelo.

   a Mi bicicleta es ......roja...... (rojo / roja).

   b Tengo un gato .... (blanco / blanca).

   c La bandera es .... (blanco / blanca) y .... (azul / azula).

   d Me gusta el chocolate .... (negro / negra).

   e Vivo en una casa .... (verde / verda).

   f El libro de español es .... (naranjo / naranja).

11 En tu cuaderno, ordena las siguientes palabras para formar frases completas. Utiliza el ejemplo como modelo.

   a color / es / rojo / el / favorito / Mi   Mi color favorito es el rojo.
   b es / seis / de / Mi / el / cumpleaños / enero
   c semana / tiene / siete / días / Una
   d bandera / de / es / roja / La / blanca / y / verde / México
   e letra / del / abecedario / La / eñe / es / una
   f significa / En / 'teacher' / profesor / inglés
   g años / y / treinta / tiene / profesor / mi / cinco

12 Copia la tabla en tu cuaderno. Lee el texto y completa la agenda con las actividades de Marina durante la semana. Utiliza el ejemplo como modelo.

Me llamo Marina y tengo muchos planes y actividades esta semana. Estudio en el instituto de lunes a viernes. El miércoles tengo un examen de Matemáticas y estoy muy nerviosa. Pero también estoy muy contenta porque el martes, es el cumpleaños de mi amiga Patricia y el sábado por la tarde hay una pequeña fiesta en su casa. El domingo voy al cine con mis padres.

Lunes	Martes	Miércoles	Jueves	Viernes	Sábado	Domingo
instituto						

13 Relaciona las preguntas con sus respuestas. Utiliza el ejemplo como modelo.

a	¿Cómo estás?	i	Me llamo Yaiza.
b	¿Cómo se deletrea tu nombre?	ii	Soy de Tenerife.
c	¿Cómo te llamas?	iii	Muy bien, gracias.
d	¿Cuál es tu color favorito?	iv	El sábado
e	¿Cuántos años tienes?	v	I griega, a, i, zeta, a
f	¿De dónde eres?	vi	El treinta (30) de abril.
g	¿Qué significa 'libro'?	vii	Tengo quince (15) años.
h	¿Cuál es tu día favorito?	viii	Se dice 'adiós'.
i	¿Cómo se dice 'goodbye' en español?	ix	El color amarillo
j	¿Cuándo es tu cumpleaños?	x	Libro significa 'book' en inglés.

14 Lee el diálogo. Después decide si las afirmaciones son verdaderas (V) o falsas (F). Escribe la información verdadera si la afirmación es falsa.

Ana: Buenas tardes, ¿Qué tal?

Mercedes: Bien, gracias. ¿Y tú?

Ana: Muy bien, ¿Cómo te llamas?

Mercedes: Me llamo Mercedes Solana Menéndez. ¿Y tú?

Ana: Yo me llamo Ana González Suárez.

Mercedes: ¿Y de dónde eres?

Ana: Soy española, de Sevilla.

Mercedes: ¿De dónde? ¿Cómo se deletrea?

Ana: Ese, e, uve, i, ele, ele, a ¿Y tú?

Mercedes: Yo soy de Cuba, de Matanzas.

Ana: ¿Y cuándo es tu cumpleaños?

Mercedes: Es el dos de julio.

Ana: ¡Pero, es mañana! . . . ¡Feliz cumpleaños!

Mercedes: ¡Gracias! Encantada de conocerte.

Ana: Encantada. Adiós.

a Mercedes y Ana tienen un apellido. V / F ....

b Sevilla es una ciudad en España. V / F ....

c Mercedes es colombiana. V / F ....

d Matanzas se escribe eme, a, te, a, ene, ese, a, ese. V / F ....

e El cumpleaños de Mercedes es hoy. V / F ....

> Unidad 1
Mi familia, mis amigos y yo

Vocabulario

Base

1. Lee la ficha personal de Carmen y completa con las categorías del cuadro. Utiliza el ejemplo como modelo.

Apellidos   Edad   Fecha   Lenguas   Nacionalidad   ~~Nombre~~

- a *Nombre* : Carmen
- b .... : Ledesma Cano
- c .... : 16 años
- d .... de nacimiento: 3/2/2008
- e .... : Boliviana
- f .... : español, inglés y francés

2. Lee el texto y dibuja en tu cuaderno el árbol genealógico de la familia de Marcos.

> Me llamo Marcos y mis padres son Víctor y Nuria. Mis abuelos paternos son Clara y Javier y mis abuelos maternos son Emilia y Esteban. Mi hermana se llama Victoria. Mi tío, el hermano de mi padre, se llama Tomás y no tiene hijos. Mi tía Juana, la hermana de mi madre, está casada con mi tío Fernando y tienen dos hijos, Fermín y Luis Miguel. Son mis primos.

Práctica

3. Ordena los elementos para formar la frase completa. Utiliza el ejemplo como modelo.

   a alta / madre / mi / es / más / es / mi / padre / que
   Mi madre es más alta que mi padre.

   b hermana / bajo / mi / mi / pero / es / hermano / alta / es
   ....

   c son / mis / amigos / no / delgados
   ....

   d padre / estamos / poco / yo / y / un / mi / gordos
   ....

   e mis / el / padres / pero / soy / yo / tienen / rubio / moreno / pelo
   ....

   f calvo / mi / pelo / el / poco / tío / tiene / está / rubio / pero / un
   ....

4 Lee la descripción de cada persona y elige **el adjetivo** que le corresponde del cuadro de vocabulario. Utiliza el ejemplo como modelo.

> graciosa   habladora   inteligente   ~~trabajador~~   tranquilo   valiente

a Al padre de Juan le gusta esforzarse en su trabajo y siempre cumple con sus tareas. *trabajador*

b El hermano de Paco no se altera fácilmente y mantiene la calma en todo momento. ……………………

c Sofía entiende y aprende rápido en clase y siempre tiene buenas ideas. ……………………

d A la hermana de Luis le encanta hacer reír a los demás con sus ocurrencias. ……………………

e La prima de Carolina no tiene miedo al peligro. ……………………

f A Marta le gusta dar su opinión sobre todo, pero no sabe guardar un secreto. ……………………

Reto

5 Completa la tabla con **los adjetivos** del cuadro de vocabulario en la categoría correcta. Utiliza el ejemplo como modelo.

> agradable   alto   bajo   corto   delgado   extrovertido
> fuerte   gordo   largo   maleducado   ondulado   optimista
> perezoso   generoso   maja   pesado   pesimista   responsable
> ~~rizado~~   simpático   tacaño   trenzas

Pelo	Apariencia física	Adjetivos positivos – personalidad	Adjetivos negativos – personalidad
rizado			

1 Mi familia, mis amigos y yo

Gramática

Base

1 Completa las frases con **el adjetivo** correcto. Presta atención a si la forma es singular, plural, masculino o femenino. Utiliza el ejemplo como modelo.

    a   Mis padres tienen el pelo ....*corto*......... . (corto)

    b   Mi hermana tiene los ojos .... (azul)

    c   Mis amigas son .... (simpático)

    d   Jaime y yo somos .... (generoso)

    e   Mi madre es bastante .... (bajo)

2 Completa las frases con **el artículo definido** correcto (el / la / los / las). Algunas frases no necesitan artículo definido. Utiliza el ejemplo como modelo.

    a   Tengo ....*el*......... pelo bastante rizado.

    b   Cristina tiene .... dos hermanos.

    c   Mis amigos tienen todos .... ojos marrones.

    d   Mi madre tiene .... pecas y .... pelo negro con trenzas.

    e   Mis compañeros de clase son .... responsables.

    f   Mi padre tiene .... barba muy larga.

Práctica

3 Completa las frases con los verbos **llamarse** y **llevarse** en la forma correcta del **presente**. Utiliza el ejemplo como modelo.

    a   Mis padres ....*se llevan*......... muy bien conmigo.

    b   Mi tío .... Carlos.

    c   Mis abuelos .... Martina y Ramiro.

    d   Mi hermana y yo .... bastante mal.

    e   Yo .... como mi abuelo.

    f   ¿Tú .... bien con tu hermano?

4 Escribe una pregunta para cada respuesta. Utiliza el ejemplo como modelo.

    a   *¿Qué lenguas hablas?*   Hablo inglés y francés.

    b   ....   Mi profesora se llama Begoña.

    c   ....   Tengo diecisiete años.

    d   ....   Hablo italiano porque mi madre es italiana.

    e   ....   Soy de Inglaterra.

    f   ....   Mis abuelos viven en Madrid.

Reto

5 Relaciona las dos partes de las frases y escríbelas en tu cuaderno.

a Mi abuelo lee todas las noches antes de dormir — porque le encanta aprender cosas nuevas.
b Mi hermana es muy alegre y siempre canta en la ducha — porque le gusta relajarse con una buena historia.
c Mis primos viven en una casa grande cerca del mar — porque disfruta la música en todo momento.
d Mi madre es muy curiosa y lee muchos libros sobre historia — porque siempre ha buscado nuevas experiencias.
e Mi tío es aventurero y ha vivido en diferentes países — porque les encanta estar cerca del océano.

6 Corrige los errores de las frases siguientes. Utiliza el ejemplo como modelo.

a Soy mayor que mi hermano; soy 16 años. ....*tengo 16 años*........
b Tengo pelo largo y ojos marrones. ....
c Mi hermano lleva bien con mis padres. ....
d Mi llamo Juan y estoy español. ....
e ¿Cómo tu llamas? ....
f ¿Cómo te llamas tus padres? ....

Destrezas

1 Vuelve a ver el vídeo de presentación de esta unidad y responde en tu cuaderno a estas preguntas.

a ¿Cuál es el aspecto más interesante que has visto en el vídeo?
b ¿Hay algún aspecto del vídeo que no te parece tan interesante? ¿Por qué?
c ¿Cuántas palabras de las que estudiaste en esta unidad se mencionan en el vídeo?
d Escribe una lista de palabras nuevas que has aprendido durante esta unidad.
e ¿Cómo son tus amigos en comparación con los que aparecen en el vídeo?
f ¿Qué detalles sobre la familia son diferentes a la tuya? Da ejemplos concretos.

2 Lee el siguiente texto y elige la respuesta correcta.

> **Lucía**
>
> ¡Hola! Me llamo Lucía y en mi familia somos cuatro personas. Mis padres se llaman Rosa y Luis y mi hermano pequeño se llama Tomás. Rosa tiene el pelo negro y es muy simpática. Luis tiene los ojos marrones y es muy divertido. Tomás tiene catorce años. Es optimista y tiene el pelo corto y liso.

a ¿Cómo se llama la madre de Lucía?
   i Luis   ii Rosa   iii Tomás
b ¿Qué color de pelo tiene Rosa?
   i rubio   ii negro   iii castaño

c   ¿Cuántos hermanos tiene Lucía?

   i   uno   ii   dos   iii   cuatro

d   ¿Cómo se llama el hermano de Lucía?

   i   Luis   ii   Tomás   iii   Jorge

e   ¿Cómo es el pelo de Tomás?

   i   largo y rizado ii   negro y liso   iii   corto y liso

f   ¿Quién considera Lucía que es divertido en su familia?

   i   su madre   ii   su padre   iii   su hermano

3   Lee las siguientes descripciones de las familias de Óscar, Amanda y Jorge y contesta a las preguntas. Intenta escribir frases completas.

Óscar

Me llamo Óscar y soy uruguayo. Mi padre se llama Germán, tiene cuarenta y tres años. Tiene los ojos azules y es calvo. Mi madre se llama Almudena y es rubia con los ojos marrones. Es muy delgada. Tengo un hermano de quince años que tiene el pelo castaño y rizado.

Amanda

Soy Amanda y vivo en España. Mi padre es de Granada y se llama Miguel. Es alto, tiene los ojos negros y lleva barba y bigote. Mi madre tiene cuarenta años y lleva gafas para leer. Tiene muchas pecas y tiene los ojos verdes, como yo. Tengo una hermana que se llama Verónica. Tiene los ojos marrones y el pelo corto y liso. Es muy guapa y nos llevamos muy bien.

Jorge

Me llamo Jorge y soy hijo único. Mi padre es bajo y pelirrojo. Es de Escocia. Mi madre es de Panamá y tiene el pelo negro y largo. Yo soy alto y tengo el pelo pelirrojo como mi padre, pero tengo los ojos azules como mi madre.

a   ¿Cuántos hermanos tienen Óscar, Amanda y Jorge?
b   ¿Cuántos años tiene el padre de Óscar?
c   ¿Quién es Miguel?
d   ¿Cómo son los ojos de la madre de Jorge?
e   ¿Cómo se lleva Amanda con su hermana?

4   Con tu compañero/a, observa la foto de esta familia y describe su parentesco y la personalidad de cada persona. Utiliza las frases para ayudarte. Después, compara las descripciones con el resto de los grupos de clase.

En la foto, veo a . . . personas.
En el centro están . . .
El padre . . . y la madre . . .
A la derecha está . . . Es bastante / muy . . .
A la izquierda de la foto está . . . Es . . .

Unidad 2
Aquí vivo yo

Vocabulario

Base

1   Encuentra el nombre de ocho lugares y partes de la casa.
    Utiliza el ejemplo como modelo.

2   Encuentra el elemento falso de cada habitación. Utiliza el ejemplo como modelo.

    a   Salón: el sofá, la televisión, la lámpara, (la ducha), la estantería
    b   Cocina: la mesa, el frigorífico, el lavaplatos, el espejo, el microondas
    c   Dormitorio: la cama, el armario, la nevera, la almohada, el póster
    d   Cuarto de baño: la ducha, la bañera, la mesita de noche, la toalla, el espejo
    e   Comedor: la silla, la cama, la mesa, la alfombra, el cuadro
    f   Jardín: la piscina, el césped, el armario, el árbol, la planta

3   ¿Qué animal es? Escribe su nombre. Utiliza el ejemplo como modelo.

    a   Es el mejor amigo del hombre. .... el perro
    b   Este animal vive en el agua. ....
    c   Es la mascota más independiente. ....
    d   Es un reptil y es una mascota poco común. ....
    e   Es un animal doméstico muy grande que no vive dentro de casa. ....
    f   A este animal pequeño y simpático le gusta comer verduras. ....

Práctica

4   Completa las tareas domésticas en los espacios en blanco en la tabla. Usa la primera
    letra de la palabra que falta para ayudarte. Utiliza el ejemplo como modelo.

poner	hacer	ordenar	sacar	pasar
el lavavajillas	la c..........	el s..........	la b..........	la a..........
la l..........	la c..........	el d..........	al p..........	
la m..........				

5   Escribe el nombre del lugar de la ciudad. Utiliza el ejemplo como modelo.

a   Mis padres van al ...supermercado... los sábados.

b   Yo voy al .... para pasear al perro.

c   Cuando quiero mandar un paquete voy a la ....

d   Hay muchas paradas en la .... de autobuses.

e   Mis amigos y yo vamos al .... de fútbol para ver el partido.

f   Nosotros vamos al .... del Prado para ver cuadros de Picasso.

g   Mis padres van a un .... para cenar con sus amigos.

Reto

6   Completa la tabla con algunos lugares de la ciudad en tu cuaderno.
    Menciona al menos tres lugares en cada columna. Utiliza el ejemplo como modelo.

Lugares para comer	Lugares para disfrutar del tiempo libre	Lugares para pasear	Lugares para viajar
	cine		

7   Completa el texto con las palabras del cuadro de vocabulario.
    Utiliza el ejemplo como modelo.

| barrio | ~~cerca~~ | chimenea | cuarto de baño | edificios | está | hotel |
| nos gusta | perro | piscina | plaza | restaurantes | tareas |

Vivimos en Carmona, un pueblo que está ....cerca....... de Sevilla.

En Carmona hay muchos .... antiguos y una ....

en el centro del pueblo con tiendas y .... donde comer con

los amigos. Muchos turistas visitan Carmona y El Parador Nacional es un

.... de cinco estrellas con unas vistas maravillosas.

Nuestra casa .... en un .... muy tranquilo y, aunque

no es muy grande, a nosotros .... mucho. En la primera planta

hay una cocina, un .... con ducha y un salón con

una .... porque hace frío en invierno. La casa también tiene un jardín

con una .... Tengo que ayudar con las ....

domésticas en casa. ¡Qué rollo! Ordeno mi dormitorio y saco

al .... a pasear, pero mi hermana no hace nada.

Gramática

Base

1 Lee estas frases y tacha el verbo incorrecto. Utiliza el ejemplo como modelo.

   a Mi casa (hay / tiene) un pasillo muy largo.
   b Mis abuelos (hay / tienen) una chimenea en el salón.
   c En la casa de mis tíos (hay / tiene) cinco dormitorios.
   d Yo (hay / tengo) un cuarto de baño para mí solo.
   e En el piso de mi amigo Luis, (hay / tiene) muchos cuadros antiguos.
   f ¿Qué muebles (hay / tienes) en el salón de tu casa?

2 Completa las frases con la forma correcta del verbo **estar**.
   Utiliza el ejemplo como modelo.

   a La estantería .... está .... detrás del sofá.
   b Nosotros .... con mi padre en el garaje.
   c Yo .... en el salón con mis amigos.
   d ¿..................... el lunes en el colegio? Quiero hablar contigo.
   e El lavavajillas y la lavadora .... al lado del frigorífico.
   f Vosotros .... delante del armario.
   g En mi dormitorio, la cama .... debajo de la ventana.

Práctica

3 Completa la tabla con las formas del **presente** de los verbos **hacer** y **poner**.

	hacer	poner
yo		
tú	haces	
él/ella/usted		pone
nosotros/as	hacemos	
vosotros/as		ponéis
ellos/ellas/ustedes	hacen	

4 Mira el dibujo del salón en la página 14. Responde a las preguntas usando **las preposiciones de lugar** y **la palabra de referencia**. Utiliza el ejemplo como modelo.

a ¿Dónde está el cuadro? / sofá El cuadro está encima del sofá.

b ¿Dónde está la alfombra? / mesa

c ¿Dónde está la lámpara? / sofá

d ¿Dónde está la mesa? / sofá y estantería

e ¿Dónde está la mesa? / sofá

f ¿Dónde están las flores? / estantería

5 Completa estos diálogos con la forma correcta del verbo **ir**. Utiliza el ejemplo como modelo.

a ¿Tus padres ......van...... al teatro? (ellos)
- Sí, ...van...... al teatro una vez a la semana. (ellos)

b ¿Cómo .... al instituto? (vosotros)
- Pues, ... en autobús. (nosotros)

c ¿Adónde .... ? (tú)
- .... al parque. ¿Vienes? (yo)

d ¿A qué colegio .... tu prima? (ella)
- No lo sé, creo que los dos .... a un colegio internacional. (mis primos)

Reto

6 Escribe cinco frases correctas en tu cuaderno usando un elemento de cada columna. Utiliza el ejemplo como modelo.

A mí me gusta la casa de mis abuelos.

A mí	me gusta	la casa de mis abuelos.
A mi hermano	me gustan	los peces con muchos colores.
A nosotros	le gusta	poner la mesa.
A mis padres	no nos gusta	el barrio donde vivimos.
	les gustan	las tareas domésticas.

7 Encuentra la palabra que falta y ordena los elementos para formar la frase completa. Utiliza el ejemplo como modelo.

a la / de / pongo / ......mesa...... / antes / Yo / desayunar

Yo pongo la mesa antes de desayunar.

b En / .... / la / comida / hacen / padres / casa

c hermana / la / y / colada / Mi / .... / yo

d Mi / el / padre / .... / lavavajillas / de / pone / cenar

e mi / la / .... / compra / cerca / el / mercado / casa / de / en / Yo

f ropa / de / la / colada / hacer / Después / yo / .... / la

Destrezas

1 Vuelve a ver el vídeo de presentación de esta unidad y responde en tu cuaderno a estas preguntas.

  a ¿Cuál es el aspecto más interesante que has visto en el vídeo?
  b ¿Hay algún aspecto del vídeo que no te parece tan interesante? ¿Por qué?
  c ¿Cuántas palabras de las que estudiaste en esta unidad se mencionan en el vídeo?
  d Escribe una lista de palabras nuevas que has aprendido durante esta unidad.
  e ¿Cómo es tu casa en comparación con las casas que aparecen en el vídeo?
  f ¿Qué lugares concretos de tu ciudad y de tu barrio son especiales para ti y tu familia? ¿Por qué?

Leer

2 Mira los letreros de estos lugares en la ciudad.
  Lee las informaciones y escribe el numero (i–vii) del lugar.

  a Hay habitaciones individuales y dobles. ....
  b Hay muchos cuadros y esculturas. ....
  c Hay alimentos y bebida para comprar. ....
  d Hay muchos árboles, plantas y flores. ....
  e Hay autobuses y trenes. ....
  f Hay muchas salas con películas. ....
  g Hay muchos aviones. ....

3 Lee este diálogo entre dos amigas y contesta a las siguientes preguntas.

  Lucía: ¡Bienvenida a mi casa, Marta! Aquí vivo yo.
  Marta: ¡Qué grande es tu casa, Lucía!
  Lucía: Claro, chica. Tengo una familia muy grande.
  Marta: ¿Y te gusta tu barrio?
  Lucía: Si. Es un barrio muy activo y con mucha vida. Hay un centro comercial con muchas tiendas, restaurantes y cafeterías. Y también hay un cine.
  Marta: ¿Y cuántas habitaciones tenéis en total?
  Lucía: Muchas. En total hay nueve habitaciones: cuatro dormitorios, dos cuartos de baño, una cocina, un comedor y un salón.
  Marta: ¡Tu casa es un palacio! Seguro que tienes también un jardín y una piscina.
  Lucía: Bueno, tenemos un jardín con muchos árboles, flores y plantas, pero no tenemos una piscina.
  Marta: ¿Y tienes un dormitorio para ti sola?
  Lucía: Sí, como hay tantos dormitorios, todos tenemos uno. Es genial.
  Marta: Pues yo tengo que compartir mi dormitorio con mi hermana gemela. ¡Qué rollo!

2 Aquí vivo yo

   a   ¿Por qué crees que Marta dice que la casa de Lucía es un 'palacio'?
        ....

   b   ¿Qué piensa Lucía de su barrio? ¿Por qué?
        ....

   c   ¿Qué hay en el jardín de la casa de Lucía? ¿Qué no hay?
        ....

   d   ¿Marta tiene un dormitorio propio?
        ....

4   Elige a uno de estos famosos: Taylor Swift, Lionel Messi o Penélope Cruz. Imagina cómo es la casa donde vive. Escribe un texto respondiendo a las siguientes preguntas. Escribe al menos 80 palabras. Utiliza las estructuras para ayudarte.

- ¿Dónde vive? ¿Con quién?
- ¿Cómo son su barrio y su casa?
- ¿Cuántas habitaciones tiene?
- ¿Tiene mascotas? ¿Cómo son?

Messi vive en una casa ... con ...
El barrio es ... en ...
Su casa tiene ... / En la casa hay ...
Como mascota, Leo tiene ... y los hijos de Leo tienen ...

....
....
....
....
....
....
....
....
....

5   Escribe en tu cuaderno una carta a un/a amigo/a para responder a estas preguntas sobre las tareas domésticas en tu casa y tu familia. Escribe 60–80 palabras.

- ¿Quién hace normalmente en tu familia las tareas de la casa?
- ¿Ayudas de vez en cuando?
- ¿Qué te gusta hacer?
- ¿Qué no te gusta?

Unidad 3
El tiempo libre

Vocabulario

Base

1. Vocabulario sobre la música. Añade las letras que faltan de las siguientes palabras. Utiliza el ejemplo como modelo.

   a   es....il..... es..t..il..o..   f   ca.....ta.....te
   b   es.....en.....rio   g   or.....ue.....tra
   c   c.....ncier.....o   h   eq.....ipo de m.....si.....a
   d   l.....tr.....   i   c.....nc.....ón
   e   in.....tru.....en.....o   j   so.....id.....

2. Empareja cada definición con una palabra del cuadro de vocabulario.

   > el ajedrez   las cartas   el dibujo   la escultura
   > la petanca   los videojuegos

   a   una forma de arte que consiste en representar imágenes sobre papel utilizando lápices ....

   b   Se juega en un tablero con piezas como el rey, la reina y los peones.
   ....

   c   una actividad artística que implica modelar materiales como mármol, madera o arcilla para crear formas tridimensionales ....

   d   juegos electrónicos que se juegan en una pantalla, como consolas o computadoras ....

   e   juegos de mesa en los que se usan naipes, como el póker o la brisca
   ....

   f   un juego donde se lanzan bolas para acercarlas lo más posible a una bola pequeña central ....

Práctica

3 Completa la tabla con las palabras del cuadro de vocabulario en la categoría correcta. Utiliza el ejemplo como modelo.

> la biblioteca   el billar   la escultura   jugar al escondite   ~~la librería~~
> la novela   el parchís   el periódico   la pintura
> el programa deportivo   la revista   la serie de televisión

Arte y cultura	Literatura y lectura	Entretenimiento y medios	Juegos y actividades
	la librería		

4 Completa las frases con la palabra adecuada del cuadro de vocabulario. Utiliza el ejemplo como modelo. No necesitas utilizar todas las palabras.

> el ajedrez   las atracciones de feria   el bricolaje   el dibujo
> la equitación   la escultura   la pesca   la pintura   ~~el senderismo~~

a   Me gusta mucho caminar por la montaña, por eso practico ...el senderismo... los fines de semana.

b   En mi tiempo libre, me dedico a mejorar la casa con mi padre; .... es mi pasatiempo favorito.

c   Cuando visito un parque de atracciones, siempre me subo a .... para divertirme.

d   A mí me encanta montar a caballo; .... es el mejor deporte del mundo.

e   Una actividad que me gusta mucho es .... , porque me permite usar colores y explorar mi creatividad.

f   Los domingos voy al río con mi abuelo para disfrutar de ....

g   En las tardes tranquilas, prefiero .... a los videojuegos porque es un juego de estrategia.

Reto

5 Lee las descripciones de los jóvenes y elige las actividades que van bien con la personalidad de cada persona.

> el bricolaje   el dibujo   las novelas   la música jazz
> las películas policíacas   pescar   el senderismo

Víctor: Es aventurero, curioso y sociable. Disfruta de actividades al aire libre y le encanta el cine. ....

Antonio: Es creativo, reflexivo y soñador. Le apasionan las actividades artísticas, leer y disfrutar de la música. ....

Ana: Es práctica, relajada y con un gran sentido del humor. Le gusta trabajar con las manos reparando muebles y va mucho al río que está cerca de su casa de campo. ....

6 Completa el texto usando todas las palabras del cuadro de vocabulario. Utiliza el ejemplo como modelo.

> actrices   cartelera   ~~cine~~   cola   efectos especiales   favorito
> ficción   fuertes   géneros   pantalla   taquilla   terror

Cada sábado, Ana y sus amigos con frecuencia van al ...._cine_........ . Antes de salir, siempre consultan la .... para decidir qué película de estreno van a ver. Normalmente, prefieren .... de películas como acción, comedia o incluso suspense, aunque de vez en cuando eligen algo de .... si quieren emociones ....

Cuando llegan al cine, lo primero que hacen es ir a la .... para comprar la entrada. Mientras esperan en la .... , discuten sobre sus actores y .... favoritos. Las chicas suelen sentar en el centro de la sala, no muy lejos de la .... para ver bien la película. Les encanta el ambiente del sonido de la sala para ver bien los .... cuando la película es de acción o de ciencia .... Para Ana, el cine es su pasatiempo ....

Gramática

Base

1 Completa las frases con **el presente de indicativo** de los verbos **encantar** o **preferir**. Utiliza el ejemplo como modelo.

   a   A mí ...*me encanta*... salir a caminar por la tarde, especialmente cuando hace buen tiempo.

   b   Nosotros .... los deportes al aire libre más que los videojuegos.

   c   ¿A ti .... las películas de acción o prefieres las de comedia?

   d   Mis amigos siempre .... ir a la playa durante las vacaciones.

   e   A mi hermano .... los libros de misterio más que los de ciencia ficción.

   f   .... jugar a los videojuegos que a las cartas.

2 Lee las frases y tacha el verbo incorrecto. Utiliza el ejemplo como modelo.

   a   Disfruto de actividades al aire libre. Las hago (~~claramente~~ / frecuentemente).

   b   Hugo practica deportes (lentamente / regularmente), al menos dos veces a la semana.

   c   Luis habla (claramente / peor) en debates en el instituto.

   d   Marta juega al balonmano con su hermano en un equipo y juega (mal / mejor) que él.

   e   (Generalmente / Fácilmente) prefiero actividades tranquilas en casa los fines de semana.

   f   Mi sueño es tener una casa al lado del mar y vivir (cuidadosamente / tranquilamente).

Práctica

3 Completa el siguiente texto con las conjunciones coordinadas del cuadro de vocabulario. Algunas pueden repetirse.

e	o	u	y

A Delia le encanta aprovechar su tiempo libre para disfrutar de sus aficiones, ... cada una de ellas refleja su creatividad. Le apasiona la música clásica .... instrumental, aunque a veces prefiere escuchar bandas de rock alternativo. Los fines de semana prefiere practicar dibujo .... origami en el taller de arte cuando busca relajarse. Además, le gusta leer novelas de misterio .... historias de ciencia ficción, pero siempre encuentra un momento para practicar yoga .... meditación. ¿ .... tú, tienes tantas aficiones como Delia?

4 Relaciona las dos partes de las frases y escríbelas en tu cuaderno. Utiliza el ejemplo como modelo.

a La guitarra se toca mejor — si no se presta atención a los movimientos del rival.
b Al ajedrez se juega peor — en un museo del barrio.
c Es fácil aprender a bailar salsa — cuando no se trabaja en equipo.
d Es difícil terminar con éxito un partido de fútbol — con el otro grupo de guitarristas.
e Toca bien la guitarra — si se tiene mucha paciencia y concentración con los pasos.
f Una exposición de arte se organiza eficazmente — cuando se practica con un buen profesor de música.

5 Lee estas frases y escoge la forma correcta de **los pronombres demostrativos**. Utiliza el ejemplo como modelo.

a (Estas / ~~Estos~~ / ~~Este~~) guitarras que ves en la vitrina son demasiado caras, pero su sonido es espectacular.
b Siempre que voy al parque me gusta observar a (aquella / aquel / aquellos) grupo de jóvenes que juega a la petanca.
c ¿Ves (aquellos / aquel / aquella) jugadores al otro lado de la cancha? Juegan en un torneo de voleibol.
d Me gustaría probar (ese / esas / esa) cámara de allí; parece muy profesional.
e (Aquellas / Aquellos / Aquel) acuarelas que encontré en la tienda del barrio son perfectas para pintar paisajes.
f Me encanta jugar a las cartas con (estas / estos / este) amigos que ves en la foto.

Reto

6 Completa las frases con la forma correcta del verbo y **el pronombre de objeto indirecto** adecuado. Utiliza el ejemplo como modelo.

a A mi hermano ......*le aburre*...... ver partidos de baloncesto en la televisión. (*aburrir*, él)
b A nosotros .... el senderismo en la montaña. (*fascinar*, nosotros)
c ¿A ti .... algún deporte en particular? (*interesar*, tú)
d Mi entrenadora siempre .... practicar natación para mejorar la resistencia. (*recomendar*, ella)
e A mis amigos y a mí .... los juegos de mesa en los días de lluvia. (*gustar*, nosotros)

7 Ordena los elementos para formar la frase completa.
Utiliza el ejemplo como modelo.

- **a** cine / ganas / muchas / tengo / de / ir / al / hoy
  Hoy tengo muchas ganas de ir al cine.
- **b** apuntarse / al / quiere / Sara / yoga / porque / le / relaja
  ....
- **c** clase / nos / ganas / de / tenemos / apuntarnos / a / una / fotografía
  ....
- **d** ellos / teatro / siempre / al / apuntan / porque / encanta / les / se
  ....
- **e** fin de semana / ganas / tengo / salir / de / con / los amigos / este
  ....
- **f** esta / de / no / tengo / nada / ganas / noche / hacer
  ....

Destrezas

1 Vuelve a ver el vídeo de presentación de esta unidad y responde en tu cuaderno a estas preguntas.

- **a** ¿Cuál es el aspecto más interesante que has visto en el vídeo?
- **b** ¿Hay algún aspecto del vídeo que no te parece tan interesante? ¿Por qué?
- **c** ¿Cuántas palabras de las que estudiaste en esta unidad se mencionan en el vídeo?
- **d** Escribe una lista de palabras nuevas que has aprendido durante esta unidad.
- **e** ¿Con qué parte del vídeo te has sentido más identificado? Razona tu respuesta.
- **f** ¿Qué relación encuentras entre el contenido del vídeo y tus experiencias personales?

2 Relaciona las dos partes de las frases y escríbelas en tu cuaderno.

a A mí me encanta salir a caminar por la tarde,	son demasiado caros, pero su sonido es espectacular.
b Nosotros preferimos los deportes al aire libre	relacionados con sus aficiones.
c Siempre disfruto actividades tranquilas en casa como	ya que la música es mi pasión.
d A mis primos les suelo comprar regalos	pintar o escribir historias de fantasía.
e Los instrumentos en esta tienda online	especialmente cuando hace buen tiempo.
f Toco el piano profesionalmente	que novelas largas.
g Prefiero leer cómics	más que los videojuegos.

3 Lee este diálogo entre dos amigos y contesta a las siguientes preguntas. Intenta escribir frases completas.

Luis: Hola, Ana. ¿Qué tal?

Ana: Hola, Luis. Muy bien, gracias. ¿Y tú?

Luis: Bien también. Oye, ¿qué haces normalmente en tu tiempo libre?

Ana: Pues, normalmente pinto. Me encanta la pintura y cada día intento dedicarle al menos una hora. ¿Y tú?

Luis: ¡Qué interesante! Yo nunca pinto, pero me gusta mucho la escultura. Una vez al mes asisto a un taller para aprender nuevas técnicas.

Ana: ¡Qué bien! A veces también hago senderismo con mis amigos, sobre todo los fines de semana.

Luis: Yo también. El senderismo me encanta, pero normalmente prefiero ir a pescar. Es muy relajante y lo hago casi todos los domingos.

Ana: Qué curioso. A mí la pesca no me llama la atención, pero siempre juego a las cartas con mi familia los viernes por la noche.

Luis: ¡Eso suena divertido! Yo nunca juego a las cartas, pero todos los sábados voy al cine. Es mi forma de desconectar del instituto.

Ana: ¡Qué bien! Aunque el cine me gusta, prefiero los videojuegos. A veces juego con mi hermano, pero no todos los días porque no siempre tengo tiempo.

Luis: ¡Qué variedad de aficiones tenemos!

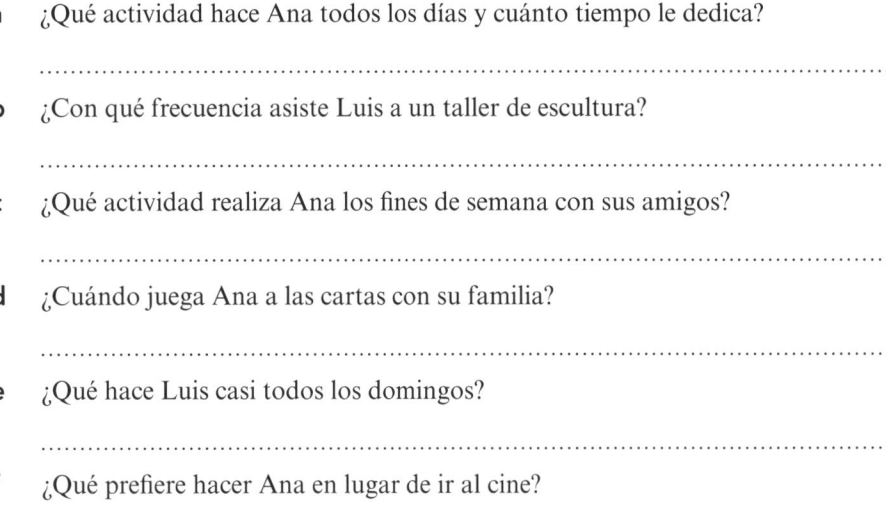

a ¿Qué actividad hace Ana todos los días y cuánto tiempo le dedica?

....

b ¿Con qué frecuencia asiste Luis a un taller de escultura?

....

c ¿Qué actividad realiza Ana los fines de semana con sus amigos?

....

d ¿Cuándo juega Ana a las cartas con su familia?

....

e ¿Qué hace Luis casi todos los domingos?

....

f ¿Qué prefiere hacer Ana en lugar de ir al cine?

....

3 El tiempo libre

4 Con tu compañero/a, haz una lista de las actividades que realizas en tu tiempo libre y utiliza un diccionario para identificar las aficiones representadas en los iconos. Añade estas aficiones a la lista y menciona si las practicas o no y por qué.

....
....
....
....
....
....
....
....
....

5 ¿Qué tipos de películas (o de programas de televisión) te gustan o no y por qué? Contesta a la pregunta justificando tu respuesta. Escribe 60–80 palabras en total.

....
....
....
....
....
....
....
....

Unidad 4
Ropa y accesorios

Vocabulario

Base

1   Encuentra el nombre de ocho prendas de vestir para hombre y mujer.
    Utiliza el ejemplo como modelo.

    EB(FALDA)AVPIJAMAIKÑBAÑADORPIAABRIGOHSCHAQUETAOMBOTASDINPANTALÓNZAICORBATATA

2   Busca la palabra que no se corresponde. Utiliza el ejemplo como modelo.

    a   Estilo: liso, (calcetines), a rayas, a cuadros
    b   Estado: nuevo, usado, de segunda mano, de cuero
    c   Color: rojo, verde, mediano, azul
    d   Material: grande, algodón, lana, cuero
    e   Talla: mediana, pequeña, grande, dorada
    f   Ropa: pijama, corbata, chaqueta, zapatillas

Práctica

3   Elige la opción correcta para completar cada frase.
    Utiliza el ejemplo como modelo.

    a   A Petra no le gusta llevar ropa .... suelta .... ; siempre prefiere algo que le quede ajustado.

        i   estrecha   ii   suelta   iii   roja   iv   a rayas

    b   Cuando hace frío, Tomás siempre se pone .... para salir de casa.

        i   el abrigo   ii   la camisa   iii   el pijama   iv   una prenda lisa

    c   Mónica prefiere las prendas .... porque le gusta la ropa sencilla.

        i   a rayas   ii   a cuadros   iii   lisas   iv   ajustadas

    d   En verano, Luis siempre lleva camisas .... porque le gusta la ropa clásica.

        i   ajustadas   ii   informal   iii   a cuadros   iv   formales

e Durante el invierno, a Claudia le encanta usar pijamas .... porque son más cómodos para dormir.

    i rayas   **ii** lisos   **iii** anchos   **iv** estrechos

f Mi pantalón acampanado me queda demasiado grande, así que debo usar un ....

    i gorro   **ii** jersey   **iii** cinturón   **iv** bañador

g Para nadar en la piscina, necesito ponerme ....

    i bañador   **ii** bufanda   **iii** calcetines   **iv** corbata

4 Con tu compañero/a, busca vídeos o imágenes en Internet con personas vestidos con ropa y accesorios de verano y de invierno y preséntalas en clase.

Reto

5 Completa el texto usando todas las palabras del cuadro de vocabulario. Utiliza el ejemplo como modelo.

> caros   cartera   collar   ~~compras~~   dinero
> gafas   guantes   reloj   pulsera

Los accesorios que necesito

Hoy voy a salir de ......*compras*...... porque necesito algunos accesorios nuevos. Me hacen falta unas .... para ver mejor de lejos, así que voy a elegir unas muy modernas. También necesito un .... para llevar en el cuello, pero los de plata son muy .... , así que voy a optar por uno más barato.

Como el clima está frío, voy a comprar unos .... para mantener mis manos abrigadas. Además, hay una preciosa .... de cuero que vi en un escaparate y que me gusta mucho. Es perfecta para llevar mis documentos y mi ....

Por último, creo que necesito un .... inteligente nuevo, ya que el mío se ha roto. Nunca sé qué hora es. También quisiera una elegante .... dorada para mi muñeca, que combina perfectamente con mis pendientes.

6 Lee las preferencias de estilo de los siguientes jóvenes y selecciona la ropa que va bien con la personalidad de cada persona.

- Blusa de seda, zapatos de tacón, pendientes pequeños ....
- Pantalones anchos, zapatillas deportivas cómodas, sudadera ....
- Camisa ajustada, chaqueta negra de cuero, cinturón ....

Ailton: Prefiero un estilo de ropa suelto y ancho porque me gusta sentirme cómodo en todo momento. Me gusta llevar prendas holgadas que me permitan moverme con libertad, sin ropa ceñida. Además, evito los accesorios, ya que prefiero una apariencia sencilla y sin elementos innecesarios.

Estrella: Prefiero un diseño de ropa formal, discreto y elegante. Prefiero llevar prendas de calidad, complementadas con accesorios sutiles que aportan un toque de sofisticación sin ser excesivos. Busco un equilibrio entre la distinción y naturalidad en los conjuntos de ropa que llevo.

David: Prefiero un estilo que combina lo clásico con lo moderno, inspirado en la moda de los años cincuenta. Me gustan las prendas de cuero y la ropa estrecha que resalta la silueta, añadiendo notas de elegancia. Busco un 'look' a la moda, pero con un toque retro que nunca pasa desapercibido.

Gramática

Base

1 Completa las frases con **el pronombre posesivo** correcto. Presta atención a si la forma es singular, plural, masculino o femenino. Utiliza el ejemplo como modelo.

    a Mi chaqueta es azul, pero la ....*tuya*........ (tú) es roja.

    b No sé de quién es esta bufanda. ¿Es .... (vosotros)?

    c Compré estos guantes ayer. Son los .... (yo).

    d Nosotros tenemos unos zapatos elegantes, pero los .... (ellos) son más modernos.

    e Marta olvidó su gorro en casa, así que usó el .... (yo).

    f Tenéis camisetas de colores, pero las .... (nosotros) son blancas.

2 Lee las frases y tacha el verbo incorrecto. Utiliza el ejemplo como modelo.

    a La verdad es que (prefiero / ~~me pongo~~) el vestido blanco para mi boda.

    b Antes de salir, siempre (me pongo / me visto) un gorro de lana si hace frío.

    c Hoy quiero (probarme / vestirme) estos pantalones antes de comprarlos.

    d Mi hermana siempre (se viste / se pone) con ropa elegante para ir al trabajo.

    e Para ir al gimnasio, Marta (prefiere / se prueba) ropa cómoda y ligera.

    f En la tienda, los clientes pueden (vestirse / probarse) la ropa en los probadores.

Práctica

3 Completa el siguiente texto con los verbos **ponerse**, **vestirse** y **probarse** en la forma correcta del **presente de indicativo**. Utiliza el ejemplo como modelo.

Cada mañana, Alicia ......*se viste*...... (*vestirse*) rápidamente porque tiene que salir temprano de casa. Antes de decidir qué llevar, ella .... (*probarse*) diferentes combinaciones de ropa frente al espejo. Finalmente, ... (*ponerse*) una chaqueta ligera y unos pendientes dorados.

Su hermano Jorge, en cambio, ... (*vestirse*) con más calma y siempre .... (*probarse*) varios pares de zapatos antes de salir. Cuando sale con sus amigos, ... (*ponerse*) vaqueros de marca y camisetas a la moda.

4 Escribe cinco frases correctas en tu cuaderno usando un elemento de cada columna. Transforma el adjetivo según el género (masculino/femenino) y el número (singular/plural) del sustantivo. Utiliza el ejemplo como modelo.

Este jersey es más cómodo que estos pantalones.

Este	jersey	es	más . . . que	aquel	suéter
Esta	falda	son	menos . . . que	estos	pantalones
Aquellos	vaqueros		tan . . . como	aquel	vestido

5 Completa las frases con la forma correcta del verbo **ser** o **estar**. Utiliza el ejemplo como modelo.

a Estas botas ....*son*.......... de cuero y son muy resistentes al frío.
b Mi bufanda favorita .... en la silla del comedor.
c Ese reloj .... un regalo de mi abuelo, es muy valioso para mí.
d Hoy .... muy elegante con ese traje nuevo. Se te ve muy bien.
e Mis pendientes .... de plata y tienen forma de estrella.
f ¿Dónde .... mis guantes? Hace mucho frío y los necesito.
g Ese bolso tan colorido de la vitrina .... de moda esta temporada.

Reto

6 Cambia a primera persona del **presente de indicativo** las siguientes frases. Utiliza el ejemplo como modelo.

a Carmen duerme con un pijama de seda muy cómodo.
Duermo con un pijama de seda muy cómodo.
b Daniel hace combinaciones interesantes de colores con su ropa.
c Martina prefiere usar prendas de algodón en verano.
d Jan pone sus zapatos junto a la puerta antes de salir.
e Rosamaría sale siempre con un bolso que combina con su atuendo.
f José trae hoy un abrigo muy grueso para el frío.

7 Ordena los siguientes elementos para formar la frase completa. Utiliza el ejemplo como modelo.

    a hoy / corta / falda / para / fiesta / traigo / una / la
        Hoy traigo una falda corta para la fiesta.
    b invierno / largas / en / pijama / bien / duermo / con / en / mangas / muy
    c azules / pantalones / como / estos / negros / tan / los / elegantes / son
    d zapatos / los / caros / la / más / son / tienda / estos / de
    e Eva / que / más / llevas / que / de / camisa / la / es / larga / la

Destrezas

1 Vuelve a ver el vídeo de presentación de esta unidad y responde en tu cuaderno a estas preguntas.

    a ¿Cuál es el aspecto más interesante que has visto en el vídeo?
    b ¿Hay algún aspecto del vídeo que no te parece tan interesante? ¿Por qué?
    c ¿Cuántas palabras de las que estudiaste en esta unidad se mencionan en el vídeo?
    d Escribe una lista de palabras nuevas que has aprendido durante esta unidad.
    d ¿Qué tipo de moda para los jóvenes te gusta más y por qué?
    e ¿Crees que los jóvenes de hoy se interesan mucho por la moda? Justifica tu respuesta.

2 Enlaza las imágenes con las frases.

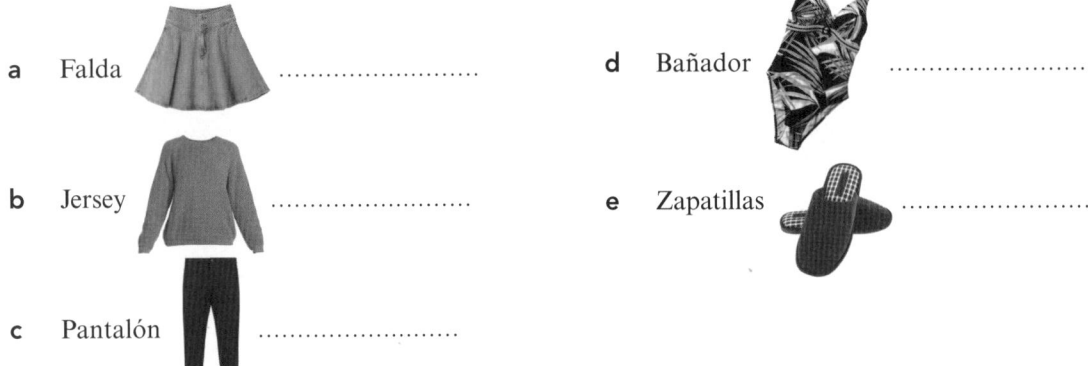

    a Falda ....
    b Jersey ....
    c Pantalón ....
    d Bañador ....
    e Zapatillas ....

    i prenda de vestir que cubre desde la cintura a los tobillos de las piernas
    ii calzado cómodo que se usa en casa
    iii Lo utilizo más en invierno y otoño.
    iv Se usa para nadar o tomar el sol.
    v prenda de vestir generalmente femenina que cubre de la cintura para abajo

4 Ropa y accesorios

3 Lee el siguiente texto y responde a las preguntas.

> Martín entra en una tienda de ropa porque necesita un jersey de algodón durante las rebajas de invierno. Al principio, quiere uno liso, pero luego ve un modelo a rayas en color azul y le gusta más. Mientras busca más ropa, encuentra un bañador verde de segunda mano y un pantalón de cuero en talla mediana. También necesita un cinturón grande, así que revisa los de cuero.
>
> Para completar su vestimenta, Martín elige un gorro rojo y unos calcetines a cuadros de lana, que están en oferta. Antes de salir de la tienda, piensa en comprar una bufanda, pero decide esperar para otra ocasión, ya que se ha gastado todo el dinero que tiene en ropa.

a ¿Por qué entra Martín en la tienda de ropa?

....

b ¿Qué tipo de jersey prefiere al principio?

....

c ¿Qué prendas encuentra de segunda mano?

....

d ¿De qué material son los calcetines que elige?

....

e ¿Qué prenda decide no comprar en este momento? ¿Por qué?

....

Unidades 1–4
Repaso

1 Busca en la sopa de letras las nueve palabras del cuadro de vocabulario.

| aficiones | apellido | cumpleaños | edad | idioma | lengua |
| nacionalidad | nombre | pasatiempo | | | |

```
R P A S A T I E M P O K G Y Y
M B R W T J O P F F H Q E N N
N E C U M P L E A Ñ O S R Z O
Z A W Z Y P C I V T A X U M M
M G C A F I C I O N E S T P B
C B R I I A Q L L S N F B O R
A W A Y O B W A M E F F L O E
Z P A A N N J F J I N Y F B V
W L E H R M A W C T M G U J I
G N U L V I E L O W X G U O D
H K X N L O B D I F A V S A I
B F M U M I W M A D F Z E X O
U R P B Y C D L E D A S K Z M
U L A G S V O O H X A D Y L A
```

2 Lee las descripciones de estas personas y sus mascotas y dibújalas en tu cuaderno.

Aitor: Es alto, calvo y serio, pero también generoso, paciente y responsable. Lleva bigote. Tiene una mascota que se llama Aron y es un perro.

Amaya: Es baja y morena, con gafas y un carácter extrovertido. Tiene los ojos marrones. Le gusta mucho pasar el tiempo con su gato.

Ulises: Es gordo, tiene barba y suele ser optimista y muy trabajador. Sus ojos son verdes.

Elvira: Es delgada, con pecas y tiene una actitud simpática y agradable. Es muy tranquila.

Zaira: Es morena, tiene los ojos azules y es muy habladora. Le encantan los peces y tiene una pecera en su casa.

1–4 Repaso

3 Completa las frases con las palabras del cuadro de vocabulario. No necesitas utilizar todas las palabras.

| ajedrez | canción | el cine | concierto | novelas / libros |
| pesca | pintura | una serie | la taquilla | videojuego |

a Me encanta leer .... de misterio y aventuras.

b Jugamos una partida de .... con los abuelos cada fin de semana.

c La colección de .... que tienen en este museo es impresionante.

d Prefiero ver .... porque los capítulos son cortos y emocionantes.

e En .... , la película se proyecta en la pantalla.

f Asistimos al .... de nuestra banda favorita el sábado pasado.

4 Completa esta crucigrama sobre la ropa con las palabras correctas.

Horizontal

4 Lo contrario de ancho; ceñido al cuerpo.

6 de color de oro

7 Una prenda que no es ajustada, que está suelta y que deja espacio extra.

8 Tela cálida que se usa en suéteres y bufandas.

9 Tipo de tela suave y natural, ideal para ropa cómoda.

Vertical

1 Color brillante como el metal.

2 Material resistente, usado en chaquetas y zapatos.

3 Tipo de prenda que se ensancha en la parte inferior, como algunos pantalones o faldas.

5 Color entre rojo y azul.

5   Completa las frases con **el pronombre de objeto indirecto** adecuado (me, te, le, nos, os, les) con **los verbos en presente de indicativo**.

   a   A Marta .... la película. (*gustar*)
   b   A vosotras .... estas entradas por poco dinero. (*ofrecer*)
   c   Los padres de Pedro siempre .... esas series. (*recomendar*)
   d   A ti .... estos programas de cocina. (*encantar*)
   e   A mí .... esa película, la verdad. (*aburrir*)
   f   A Daniel y Carmen .... ese corto. (*encantar*)

6   Completa el texto con la forma correcta de **los verbos en presente**.

Pilar .... (*vivir*) en Madrid. Cada mañana, ... (*levantarse*) temprano y .... (*preparar*) el desayuno. Después, ... (*salir*) de casa y .... (*ir*) al trabajo en autobús.

En su oficina, Pilar .... (*trabajar*) como diseñadora gráfica. Sus compañeros .... (*ser*) muy amables y siempre .... (*ayudar*) cuando alguien .... (*necesitar*) algo. A la hora del almuerzo, Pilar .... (*comer*) en un pequeño restaurante que .... (*estar*) cerca de la oficina.

Por la tarde, Pilar .... (*terminar*) su jornada y .... (*volver*) a casa. Cuando llega, ... (*descansar*) un rato y luego .... (*hacer*) ejercicio. Después, ... (*ver*) una serie o .... (*leer*) una novela antes de irse a dormir. Los fines de semana, ... (*visitar*) a su familia y .... (*pasar*) tiempo con su perro, Max.

4 Con tu compañero/a, observa la foto y haz una lista de la ropa y los accesorios que aparecen en la imagen con la ayuda del diccionario. Busca una foto similar con ropa y accesorios y preséntala en clase. Escribe al menos 90 palabras.

....
....
....
....
....
....
....
....

5 Prepara en tu cuaderno una entrevista a tus padres (escribe al menos 120 palabras) sobre el tipo de ropa y complementos que llevan para diversas ocasiones y lo que piensan de la ropa que llevan hoy en día los jóvenes. Luego, transcribe la entrevista en español.

    a   ¿Qué ropa llevas cuando asistes a una cena formal?

    b   ¿Cómo te vistes para hacer ejercicio o practicar deporte?

    c   ¿Qué crees de la ropa que llevan los jóvenes hoy en día?

Unidades 1–4
Rincón práctico

1 Escucha a Isabel hablando sobre sus mejores amigos y enlaza las descripciones con las imágenes.

i ....
ii ....
iii ....
iv ....
v ....

2 Lee el texto y contesta a las preguntas.

Cristina vive con su madre, su padrastro y su hermana pequeña. Sus padres están divorciados, pero se llevan bien. Su madre está casada con Luis, su nuevo marido, que es muy amable y la trata como a una hija más. Cristina tiene una hermana gemela, Laura.

El padre de Cristina está soltero ahora y vive en otra ciudad, pero ella lo visita durante las vacaciones. Los abuelos maternos de Cristina viven cerca, y ella los visita casi todos los fines de semana. Su abuela le enseña a cocinar y su abuelo juega con ella a juegos de mesa.

También tiene una prima que se llama Marta, que es hija de su tía Rosa, la hermana mayor de su madre. Marta tiene un hermano pequeño, que también es primo de Cristina, y se divierten mucho cuando juegan juntos.

a ¿Con quién vive Cristina?

   ....

b ¿Cómo se llama el nuevo marido de la madre de Cristina?

   ....

c ¿Qué relación tiene Laura con Cristina?

   ....

d ¿Qué actividades hace Cristina con sus abuelos maternos?

   ....

e ¿Quiénes son Marta y su hermano para Cristina?

   ....

3 Lee el siguiente texto y escoge la opción correcta de las preguntas de opción múltiple.

> Hola, me llamo Salomé y hoy voy a describir mi casa y mi barrio. Vivo en una casa bastante grande con mi familia. Al entrar por el recibidor, a la derecha está el salón, donde tenemos un sofá, una alfombra y una lámpara. En el salón también hay un cuadro muy bonito de mi ciudad, Montevideo. A la izquierda del recibidor está el comedor, donde comemos todos los días.
>
> La cocina está al fondo. Es moderna y tiene muchos electrodomésticos como la lavadora, el lavavajillas, el frigorífico, el horno y el microondas. Al lado de la cocina está el garaje, donde guardamos el coche y la aspiradora.
>
> Subiendo por las escaleras, se llega a los dormitorios. En mi habitación tengo una cama, una almohada, una cómoda, un armario, un estante para los libros y un espejo grande.
> El cuarto de baño está entre los dormitorios. Tiene una ducha, el váter y un espejo también.
>
> Fuera de la casa hay un jardín muy bonito. Vivimos en un barrio tranquilo. Cerca de casa hay una plaza, un parque, una oficina de correos y una estación de trenes. También hay un cine un poco más lejos, un polideportivo y el ayuntamiento está justo al lado de la plaza.

a ¿Dónde está el cuadro de Montevideo en la casa de Salomé?
   i   en el comedor
   ii   en el salón
   iii en la cocina
   iv   en el dormitorio   ....

b ¿Qué electrodomésticos no hay en la cocina?
   i   la lavadora y el lavavajillas
   ii   la aspiradora
   iii el frigorífico
   iv   el horno y el microondas   ....

c ¿Dónde se encuentra el garaje?

   i   al lado de la cocina
   ii al lado del comedor
   iii al lado del salón
   iv al lado del recibidor ....

d ¿Qué no hay en la habitación de Salomé?

   i   una cama, un armario y una cómoda
   ii un estante para los libros y un espejo
   iii un microondas, un horno y una alfombra
   iv una almohada, un espejo y una cama ....

e ¿Qué hay en el barrio de Salomé?

   i   un polideportivo, una plaza y una oficina de correos
   ii un recibidor, un garaje y una lavadora
   iii un sofá, un armario y un espejo
   iv un horno, una ducha y un frigorífico ....

4 Escribe las respuestas de un/a turista en el siguiente diálogo.
Luego, practica por turnos el juego de rol con tu compañero/a.

Estás de vacaciones en Alicante. Vas de compras en unos grandes almacenes y estás buscando ropa nueva para un evento importante. Hablas con el vendedor o la vendedora en una tienda de ropa. ¿Qué dices?

a **Vendedor/a:** Buenos días. ¿Qué tipo de ropa está buscando hoy?

   Turista: ....

b **Vendedor/a:** ¿Para qué ocasión necesita el conjunto?

   Turista: ....

c **Vendedor/a:** ¿Prefiere ropa de algodón, de lino, de lana o de cuero? ¿Por qué?

   Turista: ....

d **Vendedor/a:** ¿Qué estilo le gusta más?

   Turista: ....

e **Vendedor/a:** ¿Quiere ver más opciones en el escaparate o en el catálogo digital? ¿Va a comprar otras prendas? ¿Cuáles?

   Turista: ....

CONSEJO

En los juegos de rol, lee atentamente las instrucciones: asegúrate de que entiendes la situación y lo que tienes que hacer antes de empezar a hablar. Solo habla del tema, usa frases completas y muestra la gramática clave, como los verbos en el tiempo correcto.

5 Lee las descripciones de los jóvenes y elige los pasatiempos que van bien con la personalidad de cada persona.

el ajedrez	el cine	la consola	el dibujo	la equitación
la escultura	los juegos de mesa	la lectura	las librerías	
la música	las novelas	los periódicos	la pintura	
el senderismo	las series	los videojuegos		

Leo

Leo es meticuloso, paciente y muy observador. Le gusta pasar tiempo solo, concentrado en los detalles, y suele pensar mucho antes de hablar. Disfruta de los retos que implican lógica y estrategia.

....

Marta

Marta es muy energética y curiosa. Le encanta estar en movimiento al aire libre y explorar cosas nuevas. Tiene un espíritu aventurero y no le gusta quedarse quieta mucho tiempo.

....

Samuel

Samuel es creativo, sensible y algo reservado. Tiene una gran imaginación y se expresa mejor a través del arte que con palabras. Es perfeccionista con todo.

....

Nuria

A Nuria gusta estar al día de las últimas novedades y tiene un gran interés por la cartelera del fin de semana y las plataformas de televisión.

....

Andrés

Andrés es reflexivo, amante del conocimiento y muy lector. Le interesa comprender el mundo a través de las palabras. Sabe mucho de cultura general y disfruta de la calma.

....

Carla

Carla es alegre y competitiva. Se siente atraída por los desafíos en grupo y disfruta de actividades lúdicas en su ordenador.

....

6 Lee el siguiente texto sobre la moda entre los jóvenes de hoy en día. Señala si las siguientes frases son verdaderas (V) o falsas (F) y justifica las falsas. Utiliza unas frases del texto.

Actualmente, los jóvenes prestan mucha atención a la moda, no solo para seguir tendencias, sino también para expresar su personalidad que suele ser creativa, única y a veces rebelde. Muchos prefieren un estilo suelto y cómodo, con camisetas anchas, pantalones acampanados y chaquetas ceñidas. En invierno, combinan el abrigo con bufanda, guantes y botas con calcetines de colores vivos.

Durante el verano, el bañador y las gafas de sol son imprescindibles para ir a la playa o a la piscina. A pesar de que algunos eventos requieren un estilo más formal, como llevar camisa, corbata y cinturón, muchos jóvenes optan por darles un toque moderno con accesorios como pulseras, collares plateados o pañuelos con estampados originales.

En casa, los jóvenes prefieren el pijama ancho y cómodo. Además, los relojes y las carteras siguen siendo muy utilizados, aunque el bolso pequeño cruzado está ganando popularidad entre las chicas. Así, la moda juvenil combina lo práctico con lo creativo.

a   Los jóvenes usan el bañador y las gafas de sol solo para ir al colegio.   V / F
    Justificación: ....

b   Muchos jóvenes prefieren un estilo suelto y cómodo.   V / F
    Justificación: ....

c   En invierno, los jóvenes combinan el abrigo con sandalias y pantalones cortos.   V / F
    Justificación: ....

d   En casa, un estilo más formal, como llevar camisa, corbata y cinturón, está
    ganando popularidad entre los jóvenes.   V / F
    Justificación: ....

e   El bolso pequeño cruzado es cada vez más popular entre las chicas.   V / F
    Justificación: ....

7   Tu amiga, Lara, va a participar en un intercambio escolar. Ayuda a Lara
    a completar la ficha con su información personal en español.

Nombre y apellidos:	Lara Sánchez González
Edad:	
Número de miembros de tu familia:	
Describe cómo eres:	Soy . . . y . . .
Tiempo libre (Menciona dos actividades / pasatiempos)	. . . y . . .
Asignatura favorita:	
Transporte para ir al instituto:	
Forma de contacto:	laras@e-mail.com

8   En tu cuaderno, escribe un correo electrónico a un amigo/a de otro país. Cuéntale
    cómo es tu casa y qué hay en tu barrio (80–100 palabras). Menciona:

    • ¿Cómo es tu casa? ¿Es grande o pequeña? ¿Cuántas habitaciones tiene?
    • ¿Dónde están el sofá, el armario, la lámpara o el frigorífico?
    • ¿Qué electrodomésticos tienes en casa? ¿Dónde están?
    • ¿Qué hay cerca de tu casa? ¿Tiendas, parque, transporte, cine, etc.?

Unidad 5
Mi instituto

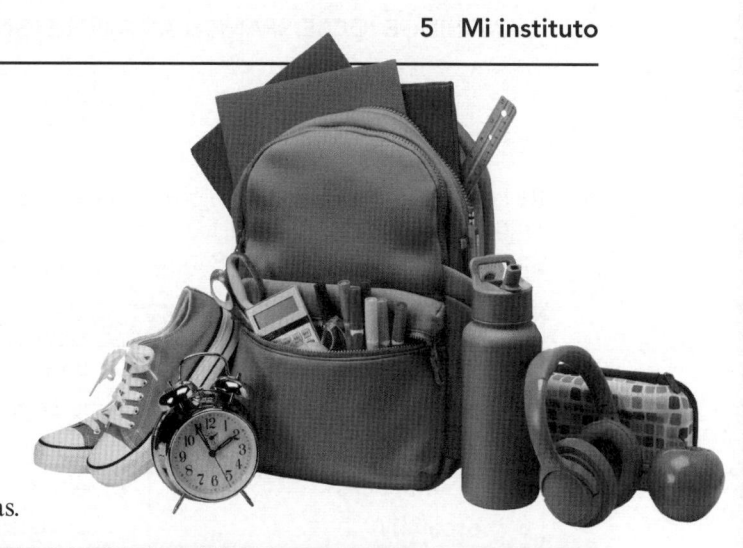

Vocabulario
Base

1 Completa tu horario con los días, las horas y tus asignaturas.

Horas \ Días	Lunes				
8–9	matemáticas				

2 Dibuja en tu cuaderno el plano de tu instituto y escribe el nombre de los diferentes lugares e instalaciones.

3 Ordena las letras y encuentra el nombre del material escolar.
   Utiliza el ejemplo como modelo.

   a s a c p a n t s u a   sacapuntas   f m o g a   ....
   b d i c o n a o i c r i ....   g c r a t a p e   ....
   c c a o d r n u e   ....   h g e r l a   ....
   d o í b g r l a o f   ....   i o c m i h l a   ....
   e t u c e h s e   ....   j e r o d n d a o r ....

4 ¿En qué lugar del instituto . . .? Utiliza el ejemplo como modelo.

   a comes con tus compañeros?   la cantina
   b haces un experimento químico?   ....
   c juegas y chateas con tu teléfono móvil? ....
   d haces los deberes en silencio?   ....
   e estás en clase de educación física? ....
   f tienes clases de matemáticas?   ....

Práctica

5 Relaciona los temas con las asignaturas. Usa el diccionario si lo necesitas. Utiliza el ejemplo como modelo.

En historia se estudia la Segunda Guerra Mundial.

Asignaturas		Temas	
a	historia	i	las redes sociales
b	dibujo	ii	la Segunda Guerra Mundial
c	educación física	iii	los instrumentos de una orquesta
d	matemáticas	iv	el teorema de Pitágoras
e	español	v	el ecosistema marino
f	física	vi	los verbos ser y estar
g	música	vii	la tabla periódica de los elementos
h	química	viii	el teatro de Shakespeare
i	inglés	ix	Las reglas del balonmano
j	informática	x	la formación de los glaciares
k	biología	xi	la teoría de Einstein
l	geografía	xii	la técnica de la acuarela

6 Describe a tus profesores según el ejemplo. Tienes que usar el adjetivo contrario.

a serio/a   Mi profesora de historia es bromista.

b antipático/a ......

c paciente ......

d ordenado/a ......

e aburrido/a ......

Reto

7 Completa las frases en tu cuaderno. Utiliza el ejemplo como modelo.

a En el laboratorio hacemos experimentos con la profesora de química.

b En clase de historia participo ......

c En la clase de inglés, tenemos que ......

d Este domingo tengo que estudiar porque ......

e En la biblioteca del instituto yo ......

f Tengo que estudiar más para ......

Gramática

Base

1 ¿Qué hora es? Completa el cuadro con **la hora** digital y analógica.

Digital	Analógica
07:25 h	
	Son las nueve y media (de la noche).
22:15 h	
12:45 h	
	Son las cinco menos diez (de la tarde).
09:55 h	
	Es la una y veinte (de la tarde).

2 En tu cuaderno, escribe dos frases según los ejemplos.

a matemáticas / 09:30 h

La clase de matemáticas empieza / es a las nueve y media (de la mañana).

Tenemos clase de matemáticas a las nueve y media (de la mañana).

b inglés / 10:00 h

c física / 11:15 h

d educación física / 14:45 h

e tecnología / 13:30 h

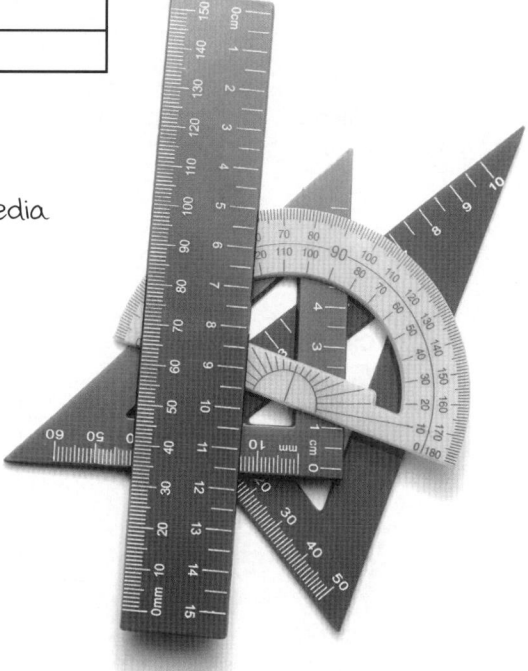

Práctica

3 Completa las frases con **el adjetivo posesivo** correcto. Utiliza el ejemplo como modelo.

a Los profesores de ....mi.......... nuevo instituto son más amables. (yo)

b .... amigos no llevan uniforme en .... institutos. (yo / ellos)

c .... profesora de biología es muy divertida. (nosotros)

d .... profesor de inglés es de Oxford. (ella)

e ¿Tenéis que tomar apuntes en .... clases? (vosotros)

4 Lee las frases y tacha la opción incorrecta. Utiliza el ejemplo como modelo.

  a En la asignatura de dibujo no hacemos (~~un~~ / ningún) examen.

  b En mi aula de tecnología hay (una / ninguna) pizarra interactiva.

  c Durante este curso no tenemos que participar en (un / ningún) proyecto escolar.

  d Solo tengo (un / ningún) folio de papel para tomar notas.

  e En la mochila no llevo (unas carpetas / ninguna carpeta).

5 Lee el chat y completa los mensajes con la forma correcta del verbo **tener** según el ejemplo. Utiliza el ejemplo como modelo.

Claudia: ¿Qué tal en el nuevo instituto, Marta?

Marta: Muy bien 👍

Claudia: ¿Vais al insti en coche?

Marta: No. Mis padres ......tienen...... que levantarse a las cinco y mi hermano y yo .... que ir en autobús. (nosotros)

Claudia: ¿Y qué tal las clases? ¿........................ que estudiar mucho? (tú)

Marta: Sí. 😣 Este curso .... unos profesores muy estrictos. (yo)

Claudia: Yo también 😣 Y en mi instituto, además, ... que llevar uniforme. (nosotros) ¡Qué rollo! 👎

Marta: Puffff. ¿Y los profes y las asignaturas? ¿........................ profes simpáticos? (vosotros)

Claudia: Síiiiiiii. Me gustan mucho mis profesores, pero mi favorito es el profe de francés. .... solo 26 años (él) y en sus clases .... que hablar siempre francés. (yo)

Marta: Très bien! 😁

Reto

6 Completa la rutina escolar de Marta con los verbos del cuadro de vocabulario en la forma 'yo' del **presente**. Utiliza el ejemplo como modelo.

> acostarse   cenar   desayunar   ducharse   estudiar   hacer
> ir   lavarse   ~~levantarse~~   ponerse   tener (x2)   vestirse

Me llamo Marta. Durante la semana ......*me levanto*...... a las seis y media,

.... con agua caliente, ... y ....

con mis padres. Luego, ... que preparar mi mochila con los

libros de mis asignaturas del día.

Normalmente .... al instituto en el autobús escolar. Allí

.... clases desde las 8.00 h hasta las 16.00 h. Después de las

clases, ... mis deberes en la biblioteca del instituto porque

es más tranquilo. En casa .... un poco si tengo exámenes,

.... una ensalada y al final del día, ... el pijama,

.... los dientes y ....

Destrezas

1 Vuelve a ver el vídeo de presentación de esta unidad y responde en tu cuaderno a estas preguntas.

   a ¿Cuál es el aspecto más interesante que has visto en el vídeo?

   b ¿Hay algún aspecto del vídeo que no te parece tan interesante? ¿Por qué?

   c ¿Cuántas palabras de las que estudiaste en esta unidad se mencionan en el vídeo?

   d Escribe una lista de palabras nuevas que has aprendido durante esta unidad.

   e ¿Qué piensas de tu instituto y de tus profesores en comparación con las opiniones que aparecen en el vídeo?

   f ¿Tienes un día preferido en tu semana escolar? ¿Por qué?

2 Lee estas afirmaciones sobre ti y tu instituto. Marca si son verdaderas (V) o falsas (F). Escribe la información verdadera en tu cuaderno si la afirmación es falsa.

a	De lunes a viernes me levanto a las seis y cuarto.	V / F
b	Tengo clases desde las ocho y media hasta las cuatro.	V / F
c	Mis asignaturas favoritas son física y matemáticas.	V / F
d	Mi profesor/a de español es muy impaciente y estricto/a.	V / F
e	Tengo que comer en la cantina del instituto.	V / F
f	En mi instituto hay una biblioteca.	V / F
g	En el patio de mi instituto hay una cancha de baloncesto.	V / F
h	En clase de historia no tengo que tomar apuntes.	V / F
i	En mi estuche siempre llevo una goma y un sacapuntas.	V / F
j	En este curso escolar tengo que participar en un proyecto musical.	V / F
k	De lunes a viernes me acuesto a las nueve y media de la noche.	V / F

3 Lee el texto sobre el instituto de Manuel y contesta a las preguntas. Intenta escribir frases completas.

> Me llamo Manuel Alcaraz Romero y vivo en Santander, una ciudad en el norte de España. El instituto donde estudio se llama Reina Sofía y está en el centro de la ciudad. Tenemos clase desde las ocho y media de la mañana hasta las tres de la tarde. El recreo es a las diez y cuarto y la comida es a la una en la cantina del instituto. Mi día favorito de clase es el jueves porque ese día tenemos clase de química y de educación física, las dos asignaturas que más me gustan.
>
> El instituto es un edificio grande y moderno con muchas aulas y un patio enorme. También hay un laboratorio, un gimnasio y una biblioteca. Nuestros profesores son bastante amables y simpáticos, aunque hay algunos profesores, como la profesora de inglés y el profesor de matemáticas, que son muy estrictos.

a ¿Dónde está el instituto donde estudia Manuel?

....

b ¿A qué hora empiezan y terminan sus clases?

....

c ¿Dónde comen los alumnos del instituto?

....

d ¿Por qué el día favorito de Manuel es el jueves?

....

e ¿Qué lugares e instalaciones hay en el instituto de Manuel?

....

f ¿Qué profesores de Manuel son estrictos?

....

4 Escribe de nuevo la rutina escolar de Marta de la Actividad 6 en la página 44, usando la forma 'ella' del presente. Recuerda hacer los cambios necesarios en los verbos y los posesivos.

Se llama Marta. Durante la semana se levanta...

....
....
....
....
....
....
....
....
....
....

5 En tu cuaderno, escribe un texto sobre tu instituto, tus asignaturas y tus profesores (100–120 palabras) y trata temas como:

- tu horario (mira tus respuestas a la Actividad 1, Vocabulario)
- las instalaciones (mira tus respuestas a la Actividad 2, Vocabulario)
- tu rutina diaria (mira la actividad anterior).

Unidad: 6
La comida y la bebida

Vocabulario

Base

1   Encuentra el elemento falso de cada lista. Utiliza el ejemplo como modelo.

   a   pastel, bombones, (carne), galletas, chocolate, helado
   b   manzana, uvas, fresa, champiñon, piña, plátano
   c   zanahoria, patata, coliflor, sandía, cebolla, pimiento
   d   salmón, tarta, atún, calamares, pulpo, mejillones
   e   cereales, pescado, tostadas, yogur, mermelada, huevos
   f   tortilla, patatas bravas, croquetas, queso manchego, pescado frito, cereales

2   Empareja cada definición con una palabra del cuadro de vocabulario.

   | el asado | la cebolla | el chorizo | las croquetas | el pan | el pescado |

   a   Un alimento que acompaña muchas comidas y que se hace con la harina
       ....

   b   Salchicha de cerdo con especias, muy popular en barbacoas y tapas
       ....

   c   Plato típico que consiste en carne cocida a la barbacoa o al fuego
       ....

   d   Pequeñas porciones fritas con una capa crujiente, rellenas de bechamel y otros ingredientes ....

   e   Verdura de sabor fuerte que se usa en muchas recetas y puede hacer llorar al cortarlo ....

   f   Alimento que proviene del mar o los ríos y se cocina de diversas maneras
       ....

Práctica

3 Completa las frases con la palabra adecuada del cuadro de vocabulario. Utiliza el ejemplo como modelo.

| berenjenas ~~gazpacho~~ la paella pimiento |
| el queso sandía uvas |

a En verano, me gusta tomar ..... gazpacho ..... , porque es una sopa fría de tomate muy refrescante.

b En mi casa, nunca falta .... , ya sea curado o fresco, para las tapas.

c En la ensalada, me gusta añadir .... , que le da un toque de sabor y color.

d Después de la cena, me gusta comer .... , una fruta que es jugosa y muy dulce.

e A mi madre le encanta cocinar .... , que suele hacer al horno con aceite y especias.

f .... es un plato típico de la cocina española que lleva arroz con mariscos o carne.

g De postre, prefiero comer .... , especialmente cuando están bien maduras y tienen un sabor dulce.

4 Copia y completa la tabla en tu cuaderno. Escribe las palabras del cuadro de vocabulario en la categoría correcta. Utiliza el ejemplo como modelo.

| el albaricoque el arroz las ciruelas las espinacas |
| las frambuesas el jamón las legumbres ~~la limonada~~ |
| el marisco las patatas el pollo las naranjas el refresco |
| la sopa el té las verduras el zumo |

Bebida	Fruta	Cena
la limonada		

Reto

5 Lee las descripciones de los estudiantes y elige la comida que prefiere cada persona.

> bocadillo cerezas champiñón ~~ensalada~~ flan fresas
> helado huevos judías lechuga nueces pepino
> pera piña sopa tarta tostada yogur

Marta: Es vegetariana, le gusta comer alimentos frescos y siempre busca opciones ligeras relacionadas con las frutas y las verduras. Disfruta de preparar ensaladas y probar nuevos ingredientes.

ensalada

Luís: Para el almuerzo, cuando no tiene mucha hambre, prefiere tomar una merienda ligera en lugar de una comida pesada.

....

Javier: Es goloso y disfruta de los postres, sobre todo cuando se trata de algo dulce y cremoso.

....

6 Completa el texto usando todas las palabras del cuadro de vocabulario. Utiliza el ejemplo como modelo.

> coco coliflor ~~desayuno~~ harina integral ligera
> melocotón plátano plato secos soja zanahoria

Cada mañana, Laura empieza el día con un ......desayuno...... equilibrado. Suele tomar algo saludable antes de salir de casa, como un puñado de frutos .... o un batido con .... y leche de .... Cuando tiene más tiempo, le gusta preparar tortitas con .... de avena y miel.

A la hora de la comida, intenta incluir verduras en su .... Su ensalada favorita lleva .... rallada, trozos de .... y nueces. También le gusta mucho las cremas de verduras, sobre todo de .... al horno, que acompaña con pan ....

Por la tarde, si tiene hambre, elige una cena .... , como yogur con trozos de .... o unas tostadas con mantequilla de almendra. Gracias a estos hábitos, Laura mantiene una dieta variada y saludable.

Gramática

Base

1 Relaciona las frases hechas con su significado correspondiente y escríbelas en tu cuaderno.

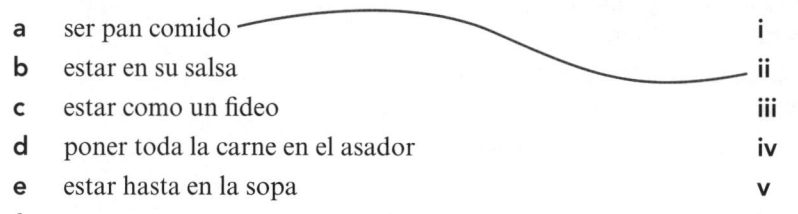

- a ser pan comido
- b estar en su salsa
- c estar como un fideo
- d poner toda la carne en el asador
- e estar hasta en la sopa
- f hacerse la boca agua
- g estar para chuparse los dedos

- i   tener ganas de comer algo delicioso
- ii   ser muy fácil
- iii ser una comida muy sabrosa
- iv   aparecer en todas partes
- v   disfrutar mucho de una situación
- vi   estar muy delgado/a
- vii esforzarse al máximo en algo

2 Completa las frases con la forma correcta del verbo en **gerundio**. Utiliza el ejemplo como modelo.

- a Estoy ......*cocinando*...... (*cocinar*) el arroz con pollo, siguiendo la receta de mamá.
- b Están .... (*preparar*) la ensalada en un bol para acompañar el salmón.
- c Estoy .... (*escribir*) las instrucciones para la receta en mi cuaderno de cocina.
- d Veo que Natalia y Paco están .... (*cortar*) las verduras con los cuchillos que hemos comprado hoy.
- e Estamos .... (*freír*) los huevos en la sartén pequeña.

Práctica

3 Relaciona las dos partes de la oración usando **el pronombre personal tónico** adecuado y la preposición correcta.

- a Este aperitivo es delicioso,
- b La comida está lista,
- c Este plato es para tí;
- d Voy a la tienda a comprar los ingredientes,
- e Parece que la comida no es buena,

- lo preparé con mucho cariño.
- ¿vienes conmigo?
- te lo traigo a casa.
- quiero comer con ustedes.
- y por eso no quiero ir contigo a ese restaurante.

4 Completa las frases con la forma del **verbo modal** correcto. Utiliza el ejemplo como modelo.

deber   poder   querer   soler

a No ....**puedo**.... encontrar todos los ingredientes. ¿ .... venir conmigo al supermercado para comprarlo todo?

b Yo .... hacer esta ensalada con tomates cherry, pero los tomates normales también sirven.

c Si no te gusta el sabor amargo, ... poner un poco menos de limón.

d Cuando .... un postre, elijo alimentos saludables como el yogur o la fruta.

e Mi madre .... preparar esta ensalada de pepino como acompañamiento de la carne a la parrilla.

5 Completa el texto con **el adverbio de cantidad** adecuado del cuadro de vocabulario.

bastante   demasiada   mucho   nada   poca   todo

Carlos decidió hacer una comida especial para sus amigos. En la mesa había .... platos de pasta, pero no eran suficientes para todos, así que tuvo que preparar más. Mientras cocinaba, pensó que quizá había puesto .... sal en la receta, pero al probarla, estaba bien. Cuando sirvió la comida, algunos se quejaron de que había .... carne, mientras que otros dijeron que preferían más verduras. Para acompañar la comida, preparó una ensalada con .... tomate, y después abrió una botella de limonada. Al final, todos los invitados comieron .... lo que se puso en la mesa. No tomaron .... de tarta para el postre porque nadie tenía hambre.

Reto

6 Rellena los huecos en el diálogo con la forma correcta del verbo en **gerundio** y **los pronombres** adecuados. Utiliza el ejemplo como modelo.

Joaquín: ¡Hola, Yara! ¿Qué estás ....**haciendo**.... (*hacer*)?

Yara: ¡Hola, Joaquín! Estoy .... (*cocinar*) la cena. Arroz con pollo, mi receta favorita.

Joaquín: ¡Qué bien! ¿Te ayudo con algo?

Yara: Claro, ¿puedes pasarme el cuchillo? Estoy .... (*cortar*) con este, pero necesito uno más afilado.

Joaquín: ¡Aquí tienes el cuchillo! Por cierto, ¿vieness .... (*yo*) a la tienda después de comer, necesito comprar pan y tomates, y algo para el aperitivo de mañana.

Yara: Claro que voy .... (*tú*), pero primero tenemos que terminar todo esto. Estoy .... (*freír*) los huevos y no quiero que se quemen.

Joaquín: ¡No te preocupes! ¿Me pasas una cuchara cuando termines?

Yara: ¡Por supuesto! Aquí tienes.

7 Ordena los elementos para formar la frase completa. Utiliza el ejemplo como modelo.

a suelo / mis recetas / para / no olvidarlas / en / mi cuaderno / escribir
Suelo escribir mis recetas en mi cuaderno para no olvidarlas.

b puedes / si / otro / no / encontrar / el ingrediente / usa / en su lugar

c preparando / sigue / mientras / corto / la ensalada / el pan

d para / mí / manera / aprender / pruebas / es / la mejor / haciendo / en / la cocina / de

e contigo / quiero / porque / veo / estás / cocinando / algo / delicioso / cenar / que

f de / siempre / con / aceite / más / oliva / suelo / porque / cocinar / es / sano

Destrezas

1 Vuelve a ver el vídeo de presentación de esta unidad y responde en tu cuaderno a estas preguntas.

a ¿Cuál es el aspecto más interesante que has visto en el vídeo?

b ¿Hay algún aspecto del vídeo que no te parece tan interesante? ¿Por qué?

c ¿Cuántas palabras de las que estudiaste en esta unidad se mencionan en el vídeo?

d Escribe una lista de palabras nuevas que has aprendido durante esta unidad.

e ¿Cómo describirías los sabores de los alimentos mencionados en el vídeo? ¿Alguno te parece especialmente curioso?

f ¿Cómo crees que la comida y la bebida reflejan la cultura de un lugar? ¿Puedes dar algún ejemplo del vídeo?

2 Relaciona las dos partes de las frases y escríbelas en tu cuaderno.
Me encanta probar platos nuevos cuando viajamos a diferentes países.

a Me encanta probar platos nuevos — con un poco de leche y sin azúcar.

b Nosotros solemos preparar la cena — son exóticas y tienen un sabor muy dulce.

c Siempre disfruto un buen café — porque me dan energía.

d A mis amigos les gusta compartir comida — en reuniones, porque hace que la experiencia sea más especial.

e Estas frutas tropicales que ves en el mercado — cuando viajamos a diferentes países.

f Empiezo el día con un desayuno de tostadas con mermelada — juntos los fines de semana.

3 Lee este texto y contesta a las siguientes preguntas en tu cuaderno. Escribe frases completas.

> Elisa sigue hábitos saludables en su alimentación. Cada mañana comienza el día con un desayuno equilibrado, que incluye frutas, cereales, leche y yogur. A lo largo del día, se asegura de beber suficiente agua para mantenerse hidratada, evitando las bebidas azucaradas. Prefiere las comidas caseras preparadas con ingredientes frescos y evita los alimentos ultraprocesados. Come porciones moderadas y siempre incluye verduras y ensaladas en sus comidas. Opta por comer pescado en lugar de carne y no falta en su dieta una buena cantidad de legumbres. En la cena, elige opciones ligeras para garantizar un buen descanso. Gracias a estos hábitos, Elisa se siente llena de energía y bienestar todos los días.
>
> En cambio, su compañera Laura no presta tanta atención a su alimentación. Por las mañanas suele saltarse el desayuno o tomar solo un café. Durante el día bebe refrescos y consume snacks poco nutritivos, como papas fritas o dulces. Sus comidas suelen ser rápidas, con muchos alimentos procesados y pocos vegetales. Rara vez incluye legumbres o pescado en su dieta. Por las noches cena tarde y en grandes cantidades, lo que afecta su sueño. A menudo se siente cansada, con poca energía y dificultad para concentrarse. Esta diferencia en los hábitos alimenticios influye directamente en su calidad de vida y bienestar diario.

a ¿Qué tipo de desayuno suele tomar Elisa por la mañana?
b ¿Qué bebida prefiere Elisa durante el día?
c ¿Qué tipo de comidas prefiere Elisa?
d ¿Qué alimentos elige Elisa para la cena?
e ¿Cómo se siente Elisa gracias a sus hábitos saludables?
f ¿Cómo son los hábitos alimenticios de Elisa en comparación con los de Laura?
g ¿Qué suele beber Laura durante el día?
h ¿Qué tipo de alimentos consume Laura con frecuencia?
i ¿Cómo afecta la alimentación de Laura a su bienestar diario?

4 Con tu compañero/a, haz una lista de las tapas que ves en la imagen. Utiliza un diccionario si lo necesitas. Añade el tipo de tapas que te gustaría ver en la lista.

....
....
....
....
....
....
....

5 ¿Qué tipo de comida te gusta y no te gusta y por qué? Contesta a la pregunta en tu cuaderno justificando tu respuesta. Escribe 60–80 palabras.

> Unidad 7
El cuerpo humano y la salud

Vocabulario

Base

1 Ordena las letras para formar palabras relacionadas con partes del cuerpo. Utiliza el ejemplo como modelo.

- a a o b c   *boca*
- b a c r a   ....
- c o c l u e l   ....
- d e i n e d t   ....
- e r n f t e e   ....
- f i b l o a   ....
- g u l a n g e   ....
- h m i l j e a l   ....
- i n n t ó m e   ....
- j e ñ t s s a p a   ....

2 Completa el texto con las palabras adecuadas del cuadro de vocabulario. Utiliza el ejemplo como modelo.

| cabeza | ~~dolor~~ | duelen | pie | pierna |

Hola Jaime. No puedo ir contigo al gimnasio esta tarde. Tengo un ....*dolor*........ de .... terrible porque no dormí bien. Creo que necesito ir al dentista porque me .... las muelas. Además, fui al gimnasio ayer y ahora tengo un problema con la .... y me duele el .... también.

Práctica

3 Pon las palabras o frases del cuadro de vocabulario en la categoría correcta.
Utiliza el ejemplo como modelo.

| alergia | beber agua | beber refrescos | ~~corazón~~ | demasiada sal | descansar |
| dormir poco | espalda | herida | hueso | marearse | tomarse un respiro |

Partes del cuerpo	Problemas de salud	Consejos para estar sano	Cosas malas para la salud
corazón			

4 Pon el siguiente diálogo entre un médico de cabecera y su paciente en el orden correcto.
Escribe el diálogo en tu cuaderno.

Médico: Hola, buenos días. ¿En qué puedo ayudarle?
Paciente:

Médico: ¿Cuándo tose usted?

Médico: ¿Desde cuándo le duele la cabeza?

Médico: Debería tomarse este jarabe para la tos y estas pastillas para la cabeza.

~~**Médico:** Hola, buenos días. ¿En qué puedo ayudarle?~~

Médico: ¡Qué se mejore! Hasta luego.

Médico: Si tiene fiebre vuelva por aquí y voy a darle otra receta.

Paciente: Buenos días. No me encuentro bien – me duele la cabeza.

Paciente: Desde hace una semana. Además, tengo un poco de tos.

Paciente: Muchas gracias por su ayuda.

Paciente: Si tengo fiebre o más dolor, ¿qué puedo hacer?

Paciente: Sobre todo por las noches. ¿Qué me recomienda?

Reto

5 Mira la siguiente lista de consejos y escribe los problemas que la otra persona puede tener.

   a   Te recomiendo descansar mucho. ....
   b   Creo que necesitas tomarte un jarabe. ....
   c   Lo mejor es que intentes tener una dieta equilibrada. ....
   d   Bebe mucha agua y tómate estas pastillas. ....

7 El cuerpo humano y la salud

6 Escribe cinco palabras relacionadas con cada una de las siguientes palabras. Utiliza el ejemplo como modelo.

Piel					
Salud	enfermo				
Tos					
Estrés					

Gramática

Base

1 Pon **el artículo determinado** (el / la / los / las) adecuado en las siguientes frases. Luego, cambia los adjetivos según el género (masculino/femenino) y el número (singular/plural) de los sustantivos. Utiliza el ejemplo como modelo.

- **a** Mi hermana tiene ......la...... boca pequeñ..a.. .
- **b** Tú tienes .... pestañas larg..... .
- **c** Tengo .... ojos grand..... .
- **d** Tenemos .... frente anch..... .
- **e** Mi padre tiene .... mentón pequeñ..... .
- **f** Mi profesor tiene .... dedos cort..... .

2 Pon los siguientes verbos en la forma correcta del **imperativo**. Utiliza el ejemplo como modelo.

- **a** ....Usa.......... (*usar*) esta crema dos veces al día. (tú)
- **b** .... (*beber*) más agua y no tendrás dolor de cabeza.
- **c** No .... (*comer*) mucho azúcar, es malo para la salud. (tú)
- **d** .... (*hacer*) más ejercicio y te sentirás mejor.
- **e** .... (*venir*) conmigo al médico, seguro que os ayuda. (vosotros)
- **f** .... (*ir*) al gimnasio dos veces por semana, es bueno para vuestra salud. (vosotros)

Práctica

3 Completa las siguientes frases con **desde** o **desde hace**. Utiliza el ejemplo como modelo.

- **a** Tengo mareos ....desde hace.... dos semanas.
- **b** Me duele la garganta .... el jueves pasado.
- **c** Tienes tos .... la semana pasada.
- **d** Tomo pastillas para la fiebre .... varios días.
- **e** Usamos esta crema para las picaduras .... ayer.
- **f** ¿ .... cuánto tiempo tienes dolor de cabeza?
- **g** Mi abuela tiene dolor de muelas .... esta tarde.

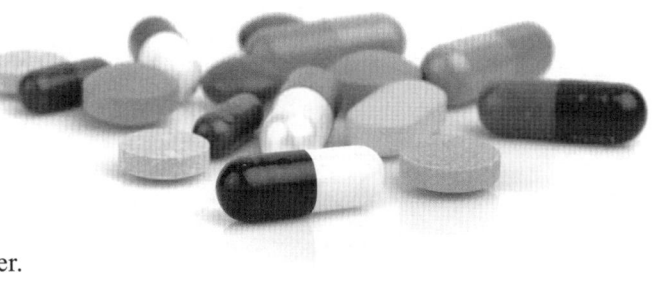

57

4 Ordena las siguientes palabras para formar frases completas.
Escribe las frases en tu cuaderno. Utiliza el ejemplo como modelo.

a cabeza / mucho / duele / la / Me .... *Me duele mucho la cabeza.* ....

b duele / cara? / la / ¿Te ....

c resfriado / Creo / tengo / que / un ....

d le / muelas / las / duelen / hermana / nunca / A / mi ....

e de / mucho / el / teléfono / cuello / usar / Nos / el / duele ....

f médico / ir / Estoy / enfermo; / al / necesito ....

Reto

5 En tu cuaderno, escribe frases utilizando la información de la tabla.

Me duele el cuello desde esta mañana.

	¿Quién?	Problema	Dónde	Desde cuando
a	yo	dolor	cuello	esta mañana
b	tú	picadura	mano	ayer
c	nosotros	dolor	frente	varios días
d	yo	torcedura	tobillo	una semana
e	ella	corte	pierna	una hora
f	vosotros	dolor	muelas	dos semanas
g	ellos	dolor	espalda	el lunes

6 Transforma las siguientes recomendaciones para llevar una vida más saludable utilizando el imperativo.

a Se debe tener una dieta equilibrada. (tú)

Ten una dieta equilibrada.

b Es necesario saborear la comida y descansar. (vosotros)

c Se debe hacer ejercicio regularmente. (vosotros)

d No se debe tomar riesgos innecesarios. (tú)

e Es necesario beber suficiente agua. (tú)

f No se debe pasar todo el día delante de una pantalla. (vosotros)

g Es necesario practicar el deporte al aire libre de vez en cuando. (tú)

Destrezas

1 Vuelve a ver el vídeo de presentación de esta unidad y responde en tu cuaderno a estas preguntas.

    a ¿Cuál es el aspecto más interesante que has visto en el vídeo?

    b ¿Hay algún aspecto del vídeo que no te parece tan interesante? ¿Por qué?

    c ¿Cuántas palabras de las que estudiaste en esta unidad se mencionan en el vídeo?

    d Escribe una lista de palabras nuevas que has aprendido durante esta unidad.

    e Menciona dos de las funciones del cerebro que se mencionan en el vídeo.

    f ¿Qué hace nuestro cuerpo para luchar contra los gérmenes?

2 Lee la siguiente conversación entre un doctor y un paciente. Escoge la opción correcta para cada pregunta.

Paciente: Doctor, no me encuentro bien desde hace varios días. Tengo dolor por todas partes y tengo mareos. Además, desde ayer me duele la cabeza y la espalda.

Doctor: Creo que tiene un resfriado. Le aconsejo que se quede en casa y que descanse. Además, intente beber mucha agua.

Paciente: ¿Me puede dar alguna medicina?

Doctor: Le puedo dar unas pastillas para el dolor, pero lo más importante es relajarse. Si no se encuentra mejor dentro de una semana, puede volver y le puedo dar una receta para un medicamento más fuerte.

    a El paciente está enfermo . . .

        i desde hace mucho tiempo.

        ii desde hace algunos días.

        iii desde ayer.

    b El dolor de cabeza empezó . . .

        i después de los mareos.

        ii antes que los mareos.

        iii al mismo tiempo que los mareos.

    c El doctor le aconseja . . .

        i estar poco activo.

        ii estar muy activo.

        iii llevar una vida normal.

    d El doctor le va a dar un medicamento fuerte . . .

        i esta semana.

        ii si mejora.

        iii si no mejora.

3 Lee la siguiente carta y contesta a las preguntas. No necesitas escribir frases completas.

> Hola Marta:
>
> ¿Cómo estás? Espero que todo bien. Yo te escribo para contarte que estoy teniendo algunos problemas de salud. Estoy muy cansado y con dolor de cabeza desde hace días. A veces, también tengo dolor de garganta y fiebre. Fui al médico y me dijo que tengo una infección viral.
>
> El médico me recomendó hacer más ejercicio y también me dijo que necesito dormir mucho y beber más agua.
>
> Ahora estoy tomando unos medicamentos para la garganta y durmiendo mucho. No puedo ir al colegio esta semana, pero estoy leyendo y relajándome un poco.
>
> Escríbeme pronto.
>
> Carlos

    a ¿Desde cuándo está enfermo Carlos? ....

    b ¿Cuándo tiene fiebre? ....

    c ¿Qué le recomienda el médico? (Menciona tres cosas)

        ....

    d ¿Qué está haciendo Carlos para seguir los consejos del médico?

        ....

4 Lee los siguientes historiales médicos. Escribe el tratamiento más adecuado para cada persona con **el imperativo** en estilo informal (tú). Utiliza el ejemplo como modelo.

    a No me encuentro bien desde hace varios días. Tengo tos y me duele la garganta. Además, me duele la cabeza y me siento muy cansada.

        Toma un jarabe y unas pastillas (para la garganta / cabeza). Descansa mucho.

    b No puedo andar bien. Cuando intento caminar me duele el pie y tengo un dolor horrible. Me duele desde el partido de voleibol de ayer.

        ....

    c Pasé por las orillas del río esta mañana y ahora tengo las piernas rojas. Tengo mucho picor y dolor.

        ....

    d Tengo mucho dolor en la espalda y en la cara y estoy muy rojo desde esta mañana. Creo que tengo una insolación.

        ....

    e Tengo mareos y no me encuentro bien. Tengo bastante estrés y me duelen la cabeza y el cuello.

        ....

5 Escribe en tu cuaderno una carta a un/a amigo/a sobre cómo mantienes un estilo de vida saludable. Escribe 80–90 palabras en total.

Unidad 8
El deporte

Vocabulario

Base

1. Añade las letras que faltan de las siguientes palabras. Todas son tipos de deporte. Utiliza el ejemplo como modelo.

   a f _ tb _ l   fútbol   f ká _ _ t _   ....
   b b _ l _ n _ a _ o   .... g p _ t _ n _ j _   ....
   c n _ t _ c _ ó _   .... h _ en _ s   ....
   d c _ _ l _ s _ o   .... i v _ le _ b _ l   ....
   e a _ l _ ti _ _ o   .... j bé _ _ b _ l   ....

2. Mira la foto y completa la tabla según el ejemplo.

Tipo de pelota	Deporte	Deportista
a el balón	el fútbol americano	jugador/a de fútbol americano
b		
c		
d		
e		
f		
g		

3   Busca los deportistas en internet y completa las frases según el ejemplo.

   a   Rafael Nadal ......es tenista...... .
   b   Carolina Marín ....
   c   Navdeep Singh ....
   d   Rory McIlroy ....
   e   Katie Ledecky ....
   f   Femke Bol ....

Práctica

4   ¿En qué lugar estás si . . .? Utiliza el ejemplo como modelo.

   a   juegas al golf?   ...en un campo de golf...
   b   juegas al fútbol?   ....
   c   juegas al baloncesto?   ....
   d   practicas la natación?   ....
   e   juegas al tenis?   ....
   f   practicas el atletismo?   ....
   g   haces vela?   ....

5   Relaciona los deportes con las informaciones según el ejemplo.
    Usa el diccionario si lo necesitas.

Deportes		Informaciones	
a	el ciclismo	i	Es un deporte muy popular en Brasil.
b	el judo	ii	Los jugadores usan una raqueta (o paleta).
c	el esquí	iii	Necesitas una bicicleta.
d	el baloncesto	iv	Es un deporte de contacto.
e	el tenis de mesa	v	Es un deporte de nieve.
f	la natación	vi	Cada equipo tiene cinco jugadores.
g	la capoeira	vii	Se juega con un balón ovalado.
h	el rugby	viii	Es un deporte acuático.

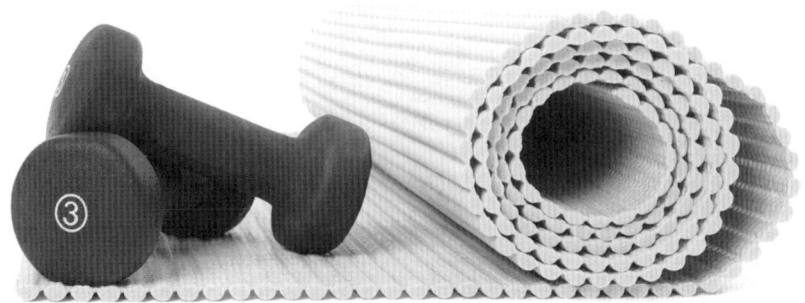

Reto

6 Escribe una frase con cada grupo de palabras en tu cuaderno. Utiliza el ejemplo como modelo.

- **a** El hockey sobre hielo / competitivo / hielo

  El hockey sobre hielo es un deporte competitivo en el hielo / que se juega en el hielo.

- **b** Se necesita / palo de golf / jugar
- **c** Los deportistas / gustar / ganar
- **d** Los atletas / atletismo / pista de atletismo
- **e** Una cancha de baloncesto / lugar / jugar
- **f** La equitación / individual / caballo
- **g** Los jugadores de béisbol / un guante / un bate
- **h** Los deportistas profesionales / gimnasio / entrenar

Gramática

Base

1 Completa este sudoku con las formas del **presente** del verbo **jugar**.

	juega		jugamos		
juegas		jugáis	juegan		juega
			juego		
	juego		juega		jugáis
jugáis	juegan	jugamos		juega	juego
		juego		jugamos	juegan

2 Completa la tabla con **los adjetivos cuantificadores**. Utiliza los ejemplos como modelo.

masculino singular	femenino singular	masculino plural	femenino plural
todo el equipo	**toda** la afición	**todos** los deportes	.... las atletas
cada equipo	.... jugadora	–	–
.... entrenamiento	**poca** afición	.... goles	**pocas** medallas
mucho movimiento	.... motivación	.... deportistas	.... jugadoras
.... deporte	**alguna** medalla	.... jugadores	.... futbolistas
ningún jugador	.... tenista	–	–

Práctica

3 Completa las frases con la forma correcta de los verbos **jugar**, **hacer** o **practicar**. Utiliza el ejemplo como modelo.

a ¿Tú ......*juegas*...... al tenis de mesa?

b Nuestro profesor de educación física .... kárate.

c ¿Vosotros .... al baloncesto en el instituto?

d Mi hermana y yo .... natación.

e Mis amigos del barrio .... al fútbol los fines de semana.

f Yo .... el esquí en invierno.

g Mi amiga Samira .... atletismo por las tardes.

h Yo .... al balonmano en un equipo de aficionados.

4 Ordena los elementos para formar frases relacionados con los deportes. Utiliza el ejemplo como modelo.

a No / me / cuando / gusta / fútbol / juego / al / perder
   No me gusta perder cuando juego al fútbol.

b gente / gusta / competir / A / mucha / le
   ....

c tenis / A / nosotros / encanta / ver / nos / partidos / de
   ....

d todos / de / mi / hermana / A / los / les / amigos / hacer / apasiona / deporte
   ....

e mis / A / padres / les / natación / fascina / la / practicar
   ....

f baloncesto / A / nada / ver / partidos / de / interesa / me / mí / no
   ....

5 Completa las frases con **un pronombre relativo** (que / donde), según el ejemplo.

a El béisbol es un deporte ......*que*...... se juega con un bate de madera.

b Una pista de tenis es un lugar .... se juega al tenis.

c Practico la natación en un club .... tiene una piscina olímpica.

d No me entusiasman los deportes .... no son colectivos.

e Un parque es un lugar .... muchas personas corren y hacen ejercicio.

f El hockey sobre hielo se juega con una pastilla .... está hecha de plástico duro.

g El judo es un deporte .... viene de Japón.

8 El deporte

6 Completa las frases con **un adjetivo cuantificador** del cuadro.
No necesitas utilizar todas las palabras. Utiliza el ejemplo como modelo.

> algún   alguna   cada   ~~muchas~~   muchos
> ningún   ninguna   pocos   pocas   todos

a Los tenistas profesionales entrenan ......muchas...... horas al día.
b Me gustan casi .... los deportes.
c Mi hermana no practica .... deporte.
d De vez en cuando veo .... partido de rugby en la tele.
e .... deportista profesional tiene una rutina de entrenamiento muy estricta.
f Un polideportivo es un lugar donde se practican .... deportes.

Reto

7 Lee estas informaciones sobre el deporte y completa las frases, usando la primera letra de la(s) palabra(s) que falta(n) para ayudarte. Utiliza el ejemplo como modelo.

a Nosotros ......hacemos...... mucho deporte en nuestro instituto.
b Las medallas olímpicas e................ h................ de oro, plata y bronce.
c A ningún deportista le gusta p................ cuando está en una competición.
d Un campo de golf es un lugar d................ se j................ el golf.
e Un equipo de fútbol e................ f................ por once jugadores.
f Un judoka es un deportista q................ p................ el judo.

Destrezas

1 Vuelve a ver el vídeo de presentación de esta unidad y responde en tu cuaderno a estas preguntas.

a ¿Cuál es el aspecto más interesante que has visto en el vídeo?
b ¿Hay algún aspecto del vídeo que no te parece tan interesante? ¿Por qué?
c ¿Cuántas palabras de las que estudiaste en esta unidad se mencionan en el vídeo?
d Escribe una lista de palabras nuevas que has aprendido durante esta unidad.
e ¿Hacéis suficiente deporte en tu instituto?
f ¿Te interesa el fútbol? ¿Eres aficionado de algún equipo?
g ¿Qué piensas de algunos deportes individuales como el tenis o el golf?

2 Lee las descripciones de estos deportes y completa la tabla, según el ejemplo.

¿Qué deporte es?	¿Qué tipo de deporte es?	¿Qué se necesita?	¿Qué reglas tiene?
a	colectivo		
b			
c			

a Yo juego a un deporte colectivo que se juega con las manos. Cada equipo está compuesto por siete jugadores, seis jugadores de campo más el portero, y se necesita un balón. Es un deporte colectivo y se juega en un campo rectangular con dos porterías.

b Yo practico un deporte individual que es un arte marcial. Las personas que practican este deporte lo hacen sobre una superficie que se llama 'tatami' y llevan un uniforme que se llama 'judogi'. Aunque este deporte es un combate para derribar al luchador contrario, están prohibidos los golpes en la cabeza y las patadas.

c Yo juego a un deporte colectivo, en equipos de cinco personas. Para jugar a este deporte se necesita una pelota y dos canastas. Los deportistas suelen ser muy altos y las reglas más importantes son botar el balón con una mano y no tocar al jugador del equipo contrario.

3 Lee este artículo sobre el deporte y marca si las afirmaciones son verdaderas (V) o falsas (F). Escribe la información correcta si la afirmación es falsa.

> Todos los médicos y profesionales de la salud recomiendan incluir en nuestra rutina diaria la práctica de algún deporte de manera regular en el contexto familiar o escolar.
>
> De acuerdo con muchos estudios sobre la salud, casi todos los especialistas consideran la natación como uno de los deportes más saludables y completos porque activa y pone en movimiento todas las partes de nuestro cuerpo.
>
> Otros deportes que muchos doctores y profesionales del mundo del deporte y la salud recomiendan son el ciclismo y el atletismo. Sin embargo, la desventaja es que estos dos deportes exigen una buena forma física. Además, ambos deportes requieren cierto equipamiento para una práctica segura. En el caso de ciclismo, se necesita una bicicleta, ropa y zapatillas de ciclismo y llevar un casco es esencial para evitar hacerse daño. Por eso, correr por el parque o simplemente caminar, pueden ser dos opciones de actividad física para cualquier tipo de persona.
>
> Pero si te gusta socializar y estar en contacto con otras personas, los deportes colectivos como el fútbol o el baloncesto son las actividades más recomendables para estos casos.

a Los especialistas de la salud recomiendan hacer deporte una vez al mes. V / F
b Uno de los deportes más saludables y completos es el ciclismo. V / F
c Llevar un casco en bicicleta reduce el riesgo de hacerse daño en caso de accidente. V / F
d Caminar es un tipo de actividad ideal para toda la gente. V / F
e Los deportes colectivos permiten poco contacto social. V / F

....
....
....
....
....

4 Escribe en tu cuaderno una entrevista (100–120 palabras) sobre el deporte a una persona de tu familia o a un/a amigo/a. Puedes preguntarle sobre qué deportes practica, con qué frecuencia, sus deportes favoritos, su opinión sobre el deporte y la vida de los deportistas profesionales, etc.

5 Escribe un texto de opinión (120–150 palabras) sobre el deporte para la revista de tu instituto. Usa el vocabulario y los temas gramaticales de la unidad. Escribe sobre:

- ¿Qué deportes practicas?
- ¿Dónde haces deporte?
- ¿Qué tipo de deportes te gustan más? ¿Por qué?
- ¿Cómo te sientes cuando haces deporte?
- ¿Cuál es tu opinión sobre el deporte?
- ¿Qué piensas del deporte profesional?

....
....
....
....
....
....
....
....
....
....

Unidades 5–8
Repaso

1. Busca la palabra que no corresponde y escribe la razón. Utiliza el ejemplo como modelo.

   a   relajarse, beber agua, (tener dolor,) tomarse un respiro, hacer deporte
       'Tener dolor' no es una actividad para sentirse bien.
   b   cabeza, piernas, mano, nariz, profesor
   c   patio, supermercado, clase, biblioteca, gimnasio
   d   baloncesto, sobrino, natación, ciclismo, golf
   e   matemáticas, inglés, Barcelona, biología, historia
   f   refresco, pescado, café, té, zumo
   g   limón, naranja, uvas, sandía, sopa

2. Lee estas preguntas y respuestas y encuentra las palabras que faltan según el ejemplo.

   a   ¿Qué hacéis en la clase de química?
       En clase hacemos muchos experimentos .
   b   ¿Cómo te encuentras?
       Regular. Me duelen las m___e___s .
   c   ¿Cómo son vuestros profesores?
       Nuestros profesores son muy simpáticos y a___l .
   d   ¿Tus padres practican algún deporte?
       Sí, mis padres juegan al b___n___a___o .
   e   ¿A qué hora tenéis clases?
       Nuestro h___a___o escolar es de ocho y media a tres.
   f   ¿Qué estás haciendo para comer?
       Estoy preparando una paella con p___c___o .
       y muchas v___r___a .

3. Lee los comentarios de estos jóvenes sobre algunos temas. Encuentra **dos** errores gramaticales en cada opinión. Escribe las frases correctas en tu cuaderno.

   Miguel: En mi instituto está muchas instalaciones modernas. Por ejemplo, tenemos un gimnasio muy grande que practicamos muchos deportes.

   Sunita: Los ojos, la boca y el nariz son tres partes del cuerpo que nos diferencian físicamente. Sin embargo, cada las personas en mi familia tienen el mismo color de ojos.

   Patricio: Con la Señora Márquez, nuestro profesora de Matemáticas, hacemos muchos ejercicios. Por eso, tenemos llevar siempre una calculadora en nuestras mochilas.

   Gina: Mis padres piensan que debe tener una dieta sana. Como muchos alimentos como chocolate, tartas y hamburguesas que no son buenos para yo.

4 Relaciona los problemas con los consejos.

Problemas	Consejos
a No tengo energía durante el día.	No comas mucho antes de acostarte.
b No puedo dormir bien.	Debes comer mejor y más sano.
c Me duele mucho la cabeza.	Entrenad dos días a la semana.
d Tengo mucho estrés con los exámenes.	Haz un plan y organiza bien el tiempo de estudio.
e Nuestro equipo de fútbol del instituto no gana ningún partido.	Bebe más agua.

5 Completa el texto con la forma correcta de los **verbos en presente**. Utiliza el ejemplo como modelo.

Carlos ......*estudia*...... (*estudiar*) en el instituto Cervantes y de lunes a viernes .... (*levantarse*) muy temprano y .... (*vestirse*) super rápido. Por la mañana .... (*desayunar*) una taza de leche y una tostada con queso. Como .... (*vivir*) cerca del instituto, Carlos .... (*ir*) al instituto en bicicleta y nunca .... (*tomar*) el autobús escolar. A Carlos le .... (*gustar*) su instituto; todos los profesores .... (*ser*) simpáticos, pero el Señor Velázquez .... (*ser*) su profesor favorito.

Después del instituto .... (*volver*) a casa y .... (*hacer*) los deberes. Carlos .... (*jugar*) al baloncesto en el equipo de su instituto y los lunes y los miércoles por la tarde .... (*entrenar*) para el partido del fin de semana. Al final del día, ... (*ver*) un poco la tele después de cenar, ... (*ducharse*) y .... (*acostarse*) sobre las diez de la noche.

6 Completa las frases con **el pronombre** correcto (me, te, le, se, nos, os, les, se).

a Nosotros hacemos ciclismo y ......*nos*...... duelen un poco las piernas.
b A mí .... duele mucho la cabeza.
c ¿A vosotros .... duelen también las manos cuando hace mucho frío?
d Mis padres .... levantan a las 6 y media de la mañana.
e Mi hermana tiene tos y .... duele la garganta.
f Yo .... ducho siempre por la mañana.

Unidades 5–8
Rincón práctico

1 Lee el texto y escoge la opción correcta para cada pregunta.

> Me llamo Arancha y estoy estudiando en un instituto de Granada en la clase 10. En mi clase somos 20 alumnos y tenemos muchas asignaturas con profesores que tienen estilos y personalidades muy diferentes. La asignatura que más me gusta es historia porque nuestro profesor explica los hechos históricos de una forma muy interesante y, durante el curso, hacemos algunos proyectos sobre todas las épocas históricas. Por supuesto, también me gustan otras asignaturas como matemáticas y biología, pero los profesores son más estrictos y tenemos que hacer muchos exámenes.
>
> Nuestro instituto ofrece muchas actividades deportivas; en realidad, contamos con algunas de las mejores instalaciones deportivas del barrio, como una cancha de baloncesto, un campo de fútbol, una pista de tenis y una piscina. Yo juego al voleibol en el equipo femenino y entrenamos los martes y los miércoles por la tarde. Este curso escolar, estamos participando en una competición con otros equipos femeninos de la ciudad y estamos muy motivadas. Cada fin de semana tenemos un partido y no hemos perdido ningún partido desde el principio del año. La verdad es que jugamos muy bien y seguro que este año vamos a ganar la liga.

a La asignatura favorita de Arancha es . . .

　i historia.
　ii matemáticas.
　iii biología. ....

b En las clases de matemáticas . . .

　i no tiene que hacer muchos exámenes.
　ii tiene que hacer proyectos.
　iii hay muchos exámenes que hacer. ....

c Arancha juega al voleibol . . .

　i en un equipo del barrio.
　ii en el equipo de su hermano.
　iii en el equipo de su instituto. ....

d Arancha entrena . . .

　i de lunes a viernes.
　ii dos días a la semana.
　iii los fines de semana. ....

e El equipo de Arancha . . .

　i es un equipo mixto.
　ii tiene muy buenas jugadoras.
　iii pierde muchos partidos. ....

2 Vas a oír un diálogo entre Laura y su amigo Claudio sobre la salud. Contesta a las preguntas. No necesitas escribir frases completas.

- **a** ¿Cómo se encuentra Claudio? ....
- **b** ¿Qué le pasa? ....
- **c** ¿Cuál puede ser el problema según Laura? ....
- **d** ¿Qué tipo de comida come generalmente Claudio? ....
- **e** ¿Qué consejos le da su amiga Laura? ....
- **f** ¿Qué va a hacer Claudio? ....
- **g** ¿Por qué Claudio no puede ir al cine con Laura? ....

3 Practica el siguiente cuestionario sobre diferentes temas con tu compañero/a. Uno de vosotros hace las preguntas y el otro responde. Hacedlo dos veces cambiando los roles.

Cuestionario sobre tu vida

- **Q1** ¿Te gusta el instituto? ¿Por qué?
- **Q2** ¿Qué asignaturas te gustan más? ¿Porqué?
- **Q3** ¿Cuál es tu rutina diaria?
- **Q4** ¿Cómo es tu profesor de ciencias?
- **Q5** ¿Practicas algún deporte?
- **Q6** ¿Qué piensas del deporte?
- **Q7** ¿Qué tipo de comidas te gustan?
- **Q8** Si tienes hambre por la tarde, ¿qué comes?
- **Q9** ¿Quién cocina en tu familia normalmente?
- **Q10** ¿Crees que llevas una vida sana? ¿Por qué?

4 Escribe un correo electrónico a un amigo/a de otra ciudad. Cuéntale cómo es tu nuevo instituto (100–120 palabras). Menciona:

- ¿Cómo es tu instituto? ¿Es grande o pequeño? ¿Qué instalaciones hay?
- ¿Cómo son tus profesores?
- ¿Comes en la cantina? ¿Qué tipo de comida hay?
- ¿Hacéis deporte en el instituto?

5   Escribe las respuestas de un/a paciente en el siguiente diálogo.
    Luego, practica por turnos el juego de rol con tu compañero/a.

    Estás un/a paciente en el médico porque te duele mucho la mano. Eres miembro
    de un club de tenis y entrenas dos veces a la semana. Tu dieta no es muy sana.
    Hablas con el médico o la médica en la clinica. ¿Qué dices?

    a   **Médico:**   Hola, buenos días. ¿Qué le pasa?

        Paciente: ....

    b   **Médico:**   ¿Desde cuándo tiene usted dolor?

        Paciente: ....

    c   **Médico:**   ¿Tiene fiebre o le duele la cabeza?

        Paciente: ....

    d   **Médico:**   ¿Practica usted algún deporte?

        Paciente: ....

    e   **Médico:**   ¿Bebe agua suficientemente y come de manera sana?

        Paciente: ....

    f   **Médico:**   Pues creo que no es grave, pero le aconsejo comer un poco más
                      sano y no jugar al tenis durante una semana. Y si le duele mucho,
                      tome una pastilla contra el dolor.

        Paciente: ....

    g   **Médico:**   Adiós. ¡Qué se mejore!

        Paciente: ....

6   Lee las opiniones y comentarios de estos jóvenes sobre diferentes tipos de comidas
    internacionales. Señala si las informaciones son verdaderas (V) o falsas (F).
    Justifica las falsas, utilizando unas frases del texto.

    Omar: La comida asiática es muy completa y sana. Los platos están elaborados
                  con verduras frescas, arroz, carnes y pescados. Es un tipo de comida muy
                  saludable y la variedad de platos es enorme.

    Victoria: La cocina italiana es mi comida preferida. Y lo mejor es que si tienes
                  hambre, las raciones son siempre grandes. Me encanta la variedad
                  de pastas y pizzas y además, los helados italianos están para chuparse
                  los dedos.

    Jennifer: Las comidas en España son sencillas pero deliciosas. Aunque la variedad
                  regional es enorme algunos platos típicos de la cocina española son
                  la tortilla de patatas, el gazpacho, el pescado frito, la paella
                  y las papas arrugadas.

    Valeria: La comida mexicana es mucho más picante
                  que la comida española. En México, como
                  en España, también se comen tortillas, pero
                  las tortillas en México son de maíz y no
                  llevan huevo sino un relleno de pollo,
                  lechuga y queso.

a A Victoria le gusta la comida italiana pero no le gustan los helados. V / F
Justificación: ....

b Omar piensa que la comida asiática es una comida sana. V / F
Justificación: ....

c Para Victoria, las raciones de la comida italiana son bastante pequeñas. V / F
Justificación: ....

d Jennifer dice que el pescado frito es un plato típico de Grecia. V / F
Justificación: ....

e Valeria piensa que la comida española es menos picante que la comida de México. V / F
Justificación: ....

f Valeria cuenta que la tortilla mexicana está elaborada con huevo. V / F
Justificación: ....

7 Lee este texto de un blog sobre deporte y responde a las preguntas en tu cuaderno. No necesitas escribir frases completas.

> Como ya sabes, el deporte es una actividad muy importante para nuestra salud y aunque no todos somos deportistas profesionales ni entrenamos todos los días para ser lo mejores, hacer ejercicio regularmente nos ayuda a tener energía y a sentirnos bien.
>
> Pero para que los deportistas puedan rendir al máximo, tienen que hacer una dieta sana y equilibrada. Por esta razón, deben comer frutas y verduras como fuente de vitaminas y minerales. También necesitan las proteínas de la carne, el pescado y los huevos para fortalecer los músculos. Los hidratos de carbono, en alimentos como el pan, la pasta y el arroz, les dan la energía que necesitan para entrenar y competir.
>
> Además de la dieta, es muy importante para los deportistas beber grandes cantidades de agua y descansar mucho para que su cuerpo se recupere del esfuerzo.
>
> ¿Y tú? ¿Haces deporte regularmente? ¿Te alimentas de forma sana? Escríbeme y cuéntame tu opinión.
>
> *Carlos Rivero. Autor del blog y especialista en deporte.*
> *Rivero@deporblog.com*

CONSEJO

Mejora tu gestión del tiempo

- Lee las instrucciones y las preguntas al menos dos veces para asegurarte de que entiendes lo que tienes que hacer.
- Responde a las preguntas que sepas y deja para más tarde las que no tengas claras.
- Equilibra tu tiempo entre preguntas y actividades.
- Revisa tu trabajo antes de entregarlo.

a ¿Qué nos ayuda a sentirnos bien y con energía?
b ¿Qué dos tipos de alimentos aportan a los deportistas las vitaminas y los minerales necesarios?
c ¿Para qué toman los deportistas alimentos con proteínas?
d ¿Qué necesitan también los deportistas para recuperarse del esfuerzo?

8 Vuelve a leer el texto del ejercicio anterior. En tu cuaderno, escribe un pequeño correo electrónico al autor del blog con tu opinión. Escribe 80–90 palabras.

Unidad 9
Los medios de transporte

Vocabulario

Base

1. Ordena las letras para formar palabras relacionadas con los transportes. Utiliza el ejemplo como modelo.

   a a o a u c r t   *autocar*
   b b r c a o   ....
   c e c o h c   ....
   d a n r a t í v   ....
   e e n t r   ....
   f l i e c i t b a c   ....
   g m o t e r   ....
   h o m t o   ....
   i s a o b ú u t   ....
   j v a n ó i   ....

2. Completa el texto con las palabras adecuadas del cuadro de vocabulario. Utiliza el ejemplo como modelo.

   | anchos cómodos rápido ~~ruidoso~~ seguro vacío |

   Hola Milena. Esta tarde voy a verte. No voy a ir en metro porque es muy *ruidoso* y quiero silencio para leer durante el trayecto. Ir en bicicleta con tanto tráfico no me parece .... Creo que voy a ir en tren. Seguro que a esa hora está casi .... Ya sé que no es tan .... , pero no tengo prisa. Además, los vagones son .... y los asientos son .... así que voy a tener espacio para todas mis cosas.

Práctica

3 Completa la tabla con **adjetivos** para describir medios de transporte en tu cuaderno.

| ancho | agradable | caro | cómodo | espacioso | estrecho |
| incómodo | peligroso | puntual | ruidoso | seguro | sucio | vacío |

Adjetivos positivos	Adjetivos negativos
agradable	

4 Ordena este diálogo entre un empleado de la estación de tren y un viajero (a–n). Luego, escríbelo en tu cuaderno.

Empleado de la estación de tren	Viajero
......a...... ¡Buenos días! ¿En qué puedo ayudarle?	.... ¿La primera a la derecha?
.... Vale, un billete de ida. ¿Lleva equipaje?	.... ¡Buenos días! Quería un billete para Pamplona.
.... Muy bien, dos piezas de equipaje. ¿Cómo va a pagar?	.... Con tarjeta, por favor. ¿Cuánto dura el trayecto?
.... ¿De ida o de ida y vuelta?	.... De ida por favor.
.... Cruce la zona de espera, gire a la izquierda y está a la derecha.	.... Muchas gracias.
.... No, la tercera. Seguro que no se pierde.	.... Sí, llevo una maleta y una mochila pequeña.
.... Una hora y cuarto. El tren sale del andén número 5.	.... Gracias. ¿Por dónde está el andén?

Reto

5 Completa la tabla con las palabras del cuadro de vocabulario en la categoría correcta. ¿Conoces alguna más? Escribe alguna nueva para cada categoría.

> adelantar   andén   aparcar   billete   carril   cinturón de seguridad
> ~~conducir~~   continuar   derecha   estación   girar   parada
> peatones   rotonda   seguir   semáforo

Coche	Tren	Direcciones	Carretera
conducir			

6 Escribe la palabra correcta en los espacios en blanco del siguiente texto. Usa la primera letra de la palabra que falta para ayudarte. Utiliza el ejemplo como modelo.

Hola Marta:

¿Cómo estás? Te escribo porque estoy ......perdido...... y no sé cómo llegar a tu casa. Puedo tomar el a.................. o el m.................. que es más e.................. y ahora está casi v.................. . ¡Pero no sé dónde está la p.................. !

Al bajarme, ¿tengo que dar la vuelta a la r.................. ? Creo que tengo que c.................. la calle y seguir recto hasta ver un s.................. , ¿es verdad?

Gramática

Base

1. Pon **la preposición** adecuada (a / en / de) en las siguientes frases, según el modelo. Recuerda que **a + el → al** y que **de + el → del**.

   a Voy ......a...... ir ......a...... Colombia ......en...... avión estas vacaciones.

   b Mis amigos tienen una casa .... la playa.

   c Los trenes .... mi ciudad nunca llegan .... tiempo.

   d Mis padres siempre me llevan .... colegio .... coche.

   e Estoy volviendo .... gimnasio .... autobús.

2. Lee las frases y elige el verbo correcto (**ser** o **estar**) según el ejemplo.

   a No me gusta ir en metro, siempre (es / está) sucio.

   b La parada de autobús (es / está) al lado de mi casa.

   c El coche de mi hermano (es / está) muy grande.

   d Los asientos de este avión no (son / están) nada cómodos.

   e Este tranvía (es / está) muy estrecho. No hay sitio para las maletas.

Práctica

3. Completa las siguientes frases con **por** o **para**. Utiliza el ejemplo como modelo.

   a Siempre tomo el tren ......para...... ir al colegio.

   b Este autobús no pasa .... el centro de la ciudad.

   c El avión .... Milán sale a las 7:00.

   d .... mí, la bicicleta es el medio de transporte perfecto.

   e En rebajas puedes comprar una bici estupenda .... $100.

   f Siempre compro los billetes de tren .... internet. Es mucho más cómodo.

4. Ordena las siguientes palabras para formar frases completas. Escribe las frases en tu cuaderno. Utiliza el ejemplo como modelo.

   a Los / para / trenes / del / derecha / Madrid / a la / salen / segundo / andén
   Los trenes para Madrid salen del segundo andén a la derecha.

   b vacío / noche / Cuando / autobús / está / cojo / por / puntual / es / la / el / nunca / pero

   c de / que / viene / hay / mucha / En / tranvía / siempre / gente / trabajar / mi

   d calle / eso / por / difícil / de / es / de / hay / El / mi / y / semáforo / muchos / accidentes / ver

   e rotondas / ciudades / carretera / varias / muchas / En / salidas / esa / hay / para / con

   f Mi / pesado / última / muy / parada / y / la / en / me bajo / es / equipaje

Reto

5 Rellena los huecos del siguiente correo electrónico con la forma correcta de los verbos **ser** o **estar**. Utiliza el ejemplo como modelo.

Para: ainharapelaez@miemail.com

Asunto: Mis medios de transporte favoritos

Hola Ainhara:

¿Cómo ......*estás*......? Yo .... muy bien. Hoy te voy a contar sobre los medios de transporte que uso en mi ciudad.

Normalmente voy al colegio en autobús porque .... rápido y cómodo. Los autobuses que tomo .... el número 12 y el 37 siempre .... bastante llenos por la mañana, pero no .... un problema. También a veces uso la bicicleta, ya sabes que yo .... muy ecológica. Sin embargo, cuando .... lloviendo, prefiero caminar o tomar el metro. Lo que más me gusta .... que los transportes .... seguros y que .... limpios también.

Mi padre siempre va al trabajo en coche porque su oficina .... lejos de casa. Su coche .... rojo y muy moderno. Aunque el tráfico .... horrible a veces, él dice que .... más práctico para él. Siempre .... un poco estresado cuando conduce.

Bueno, eso es todo por ahora. ¿Qué medios de transporte .... tus favoritos?

Un abrazo,

Martina

---

6 Escribe una frase con cada grupo de palabras en tu cuaderno. Recuerda poner **los verbos** y **los adjetivos** en la forma correcta. Utiliza el modelo como ejemplo.

a asientos / ancho / blando / estar / limpio

Los asientos son anchos y blandos, pero hoy no están limpios.

b trenes / rápido / ruidoso / cerca / ser / estar
c bicicleta / sucio / rápido / seguro / ser / estar
d autobús / cómodo / lento / por / para
e billete / parada / efectivo / para / por
f metro / práctico / gente / asiento

Destrezas

1 Vuelve a ver el vídeo de la presentación de esta unidad y responde en tu cuaderno a estas preguntas.

   a   ¿Cuál es el aspecto más interesante que has visto en el vídeo?
   b   ¿Hay algún aspecto del vídeo que no te parece tan interesante? ¿Por qué?
   c   ¿Cuántas palabras de las que estudiaste en esta unidad se mencionan en el vídeo?
   d   Escribe una lista de palabras nuevas que has aprendido durante esta unidad.
   e   Describe los medios de transporte del pasado que se mencionan en el vídeo.
   f   ¿Cómo describirías los medios de transporte del futuro que se mencionan en el vídeo?

2 Lee el siguiente correo electrónico y escoge la opción correcta para cada pregunta.

> **Para:** samiraclaro@miemail.com
>
> **Asunto:** Transporte en mi ciudad
>
> Hola Samira:
>
> En mi ciudad, los medios de transporte pueden ser muy malos. Por ejemplo, los autobuses son lentos y siempre están llenos. Además, hay mucho tráfico, y por eso los trayectos son estresantes. El metro a veces está sucio y no es seguro por la noche. También hay muchos retrasos. Los taxis son caros y no siempre están disponibles. En general, moverse por la ciudad es difícil y muchas personas se quejan. Bueno, eso es todo por ahora. ¿Cómo son los medios de transporte en tu ciudad?
>
> Un abrazo,
>
> Gabino

   a   Gabino . . .
       i   piensa que los medios de transporte en su ciudad son siempre malos.
       ii piensa que los medios de transporte en su ciudad son buenos.
       iii piensa que los medios de transporte en su ciudad a veces son malos.

   b   Los autobuses . . .
       i   son rápidos.
       ii no son rápidos.
       iii son lentos y poca gente los usa.

   c   Los coches . . .
       i   causan estrés.
       ii son el medio de transporte más cómodo.
       iii apenas se usan

   d   Los taxis . . .
       i   son difíciles de encontrar.
       ii son fáciles de coger.
       iii tienen retrasos.

3   Lee la respuesta al correo del ejercicio anterior y contesta a las preguntas en tu cuaderno.

> **Para:** gabinogarcia@miemail.com
>
> **Asunto:** Transporte en mi ciudad
>
> Hola Gabino:
>
> Me sorprende mucho la situación de los transportes en tu ciudad. Cuando pienso en sitios grandes siempre me imagino una red de transportes eficaz y moderna. En mi pueblo, los medios de transporte suelen ser tranquilos y cómodos. Por ejemplo, ir en bicicleta es muy seguro porque hay poco tráfico. Mucha gente va en bici porque es ecológico, pero a mí no me importa mucho y yo lo hago para mantenerme en forma. También se puede caminar a casi todos los sitios porque todo está cerca. Otra forma estupenda de hacer ejercicio. No hay trenes ni tranvías, pero sí que hay algunos autobuses que son puntuales y limpios. Es todo lo que nos hace falta en un pueblo tan pequeño. Además, las carreteras están en buen estado, lo cual hace el viaje más agradable. Creo que moverse en un pueblo es fácil y mucho más relajado que en tu ciudad. ¿No te parece?
>
> Un abrazo,
>
> Samira

- a ¿Cómo se imaginaba Samira los transportes donde vive Gabino?
- b ¿Qué medio de transporte utiliza la gente en vez de los coches?
- c En vez del medioambiente, ¿qué le interesa más a Gabino?
- d ¿Por qué camina mucho la gente?
- e ¿A Gabino le gustaría tener más medios de transporte? ¿Por qué?
- f ¿Qué mejora la calidad de los viajes?

4   ¿A cuál de los dos correos se parece más la situación de los medios de transporte en tu ciudad? Escribe un correo de 70–80 palabras a Samira o a Gabino respondiendo a estas preguntas.

- ¿Cuál es la situación de los medios de transporte?
- ¿Qué es lo mejor y lo peor?
- ¿Qué medios de transporte utiliza más la gente y para qué?
- ¿Qué medios de transporte utilizas tú más?

....

....

....

....

5   En tu cuaderno, escribe un blog sobre la red de transportes en un mundo ideal.
    Escribe 120–140 palabras y menciona los siguientes puntos:

- Qué medios de transporte utiliza la gente y para qué
- Por qué es un sistema eficiente
- Por qué es mejor que otros sistemas

Unidad 10
Vacaciones y viajes

Vocabulario

Base

1. Ordena las letras para formar verbos o frases relacionados con actividades para hacer durante las vacaciones. Utiliza el ejemplo como modelo.

   a s r t b u m e a   tumbarse
   b ñ e r a a s b   ....
   c t m r a o   l e   s l o   ....
   d a e h r c   s r m t u i o   ....
   e r d e s u b i r c   ....
   f a a i m r n c   ....

2. Busca la palabra o frase que no se corresponde en cada lista. Utiliza el ejemplo como modelo.

   a playa, bañarse, broncearse, (monumentos)
   b alojarse, fiesta, hotel, reserva
   c compras, montaña, esquí, vistas
   d camping, casa rural, ventana, hotel
   e maleta, vuelo, pasaporte, pesca
   f comer helados, nadar, hacer bricolaje, sacar fotos

Práctica

3. Completa la tabla con las siguientes palabras del cuadro de vocabulario. Utiliza el ejemplo como modelo.

   aire acondicionado   albergue   almohada   apartamento
   bañarse en el mar   broncearse   camping   casa rural   cuadro
   hotel   ir de compras   manta   salir de fiesta   toalla   tumbarse

Actividades	Tipos de alojamiento	Elementos de una habitación de hotel
bañarse en el mar		

4 Completa el texto usando todas las palabras del cuadro de vocabulario. Utiliza el ejemplo como modelo.

> aire acondicionado   alojarnos   canceló   disfrutar   esquiar
> ~~montaña~~   playa   problemas   toallas   tumbarnos   vistas   vuelo

Normalmente vamos de vacaciones a la ......montaña...... porque nos gusta .... pero este año decidimos ir a la .... para poder .... y .... del buen tiempo. Decidimos .... en un hotel pequeño pero con buenas .... El primer día tuvimos algunos .... porque el .... no funcionaba, y no había .... Queríamos quedarnos cinco días pero el .... de vuelta se .... así que nos quedamos siete días.

5 Empareja las siguientes palabras o expresiones con otras que estén relacionadas. Utiliza el ejemplo como modelo.

vuelo – retraso

> al aire libre   de cinco estrellas   equipaje   formulario
> lujoso   maleta   naturaleza   playa   queja   recepción
> rellenar   ~~retraso~~   tumbarse   ~~vuelo~~

6 ¿Qué cosa necesitas en cada caso? Completa las frases, usando la primera letra de la palabra que falta para ayudarte. Utiliza el ejemplo como modelo.

a   Tengo frío, necesito otra ......manta...... .

b   Compré demasiadas cosas durante mi viaje, necesito otra m........................ .

c   Quiero ducharme y en mi habitación no hay ninguna t........................ .

d   Voy a coger un vuelo mañana, necesito mi p........................ para poder volar.

e   Mi equipaje no llegó con mi vuelo, necesito ir a o........................ p........................ .

f   No tengo alojamiento, necesito hacer una r........................ .

7 Escribe una frase con cada grupo de palabras en tu cuaderno. Utiliza el ejemplo como modelo.

a   monumentos / turismo / descubrir
    me encanta hacer turismo y descubrir monumentos que no conozco.

b   pago / tarjeta / recepción

c   toalla / suelo / grifo

d   ventana / queja / alojamiento

e   retraso / cancelación / vuelo

Gramática

Base

1 Pon los siguientes verbos en la forma correcta del **pretérito**.

a viajar (nosotros) .... d ver (vosotros) ....

b descubrir (ellos) .... e ir (yo) ....

c caminar (yo) .... f hacer (nosotros) ....

2 Completa este crucigrama utilizando la forma correcta de **los verbos en imperfecto**.

Horizontal

3 tener (mis maletas)
5 parecer (el hotel)
6 estar (mi habitación)
7 visitar (vosotros)

Vertical

1 viajar (ella)
2 hacer (tú)
4 estar (yo)

Práctica

3 Cambia las siguientes frases al pasado utilizando **el pretérito**.
Utiliza el ejemplo como modelo.

a Voy a la playa. *Fui a la playa.*

b Veis muchos monumentos. ....

c Disfruto de las vistas. ....

d Hacen turismo. ....

e Nos alojamos en un hotel. ....

f Pierden sus maletas. ....

4 Completa el siguiente texto con los verbos en la forma correcta del **imperfecto**. Utiliza el ejemplo como modelo.

Mis vacaciones fueron estupendas. Todos los días mis hermanas y yo *nos bañábamos* (*bañarse*) en la playa y ……………………… (*caminar*) por la orilla. Por las tardes, como ……………………… (*hacer*) calor, ……………………… (*comprar*) helados de diferentes sabores. No ……………………… (*querer*) hacer turismo y solo ……………………… (*estar*) interesadas en descansar. Mi hermana menor siempre ……………………… (*querer*) ir de fiesta pero yo ……………………… (*preferir*) quedarme en casa.

5 Relaciona las dos partes para formar frases con **dobles negaciones completas** y escríbelas en tu cuaderno. Utiliza el ejemplo como modelo.

a	En mi habitación no tenía	a este hotel jamás.
b	En objetos perdidos no encontré	nada viajar en avión.
c	Mis amigos no viajan	nadie en recepción cuando llegué.
d	No había	ni toallas ni mantas.
e	No me gusta	ninguna de mis maletas.
f	No quiero volver	nunca en vacaciones.

(a – ni toallas ni mantas.)

Reto

6 Pon las siguientes frases en su forma negativa, utilizando **dobles negaciones**. Utiliza el ejemplo como modelo.

a Hubo muchos problemas. *No hubo ningún problema.*

b Tenía muchas maletas. …………………………………………………

c Siempre íbamos al extranjero en vacaciones. …………………………………………………

d Voy a tumbarme y a tomar el sol. …………………………………………………

e Había un restaurante cerca del hotel. …………………………………………………

7 Completa el siguiente texto con los verbos en la forma correcta del **pretérito** o del **imperfecto**. Utiliza el ejemplo como modelo.

Nuestras vacaciones de verano *fueron* (*ser*) un desastre. Todo ……………………… (*empezar*) en el aeropuerto. Mi hermano no ……………………… (*tener*) su pasaporte así que ……………………… (*tener*) que volver a casa. El vuelo ……………………… (*salir*) con retraso y mi maleta ……………………… (*ser*) demasiado grande así que ……………………… (*tener*) que pagar extra. El alojamiento ……………………… (*estar*) lejos del centro así que mis padres y yo no ……………………… (*ir*) de compras ni ……………………… (*ver*) los monumentos.

Destrezas

1. Vuelve a ver el vídeo de presentación de esta unidad y responde en tu cuaderno a estas preguntas.

   a ¿Cuál es el aspecto más interesante que has visto en el vídeo?
   b ¿Hay algún aspecto del vídeo que no te parece tan interesante? ¿Por qué?
   c ¿Cuántas palabras de las que estudiaste en esta unidad se mencionan en el vídeo?
   d Escribe una lista de palabras nuevas que has aprendido durante esta unidad.
   e ¿Qué viaje te gustaría hacer en el futuro?
   f ¿Por qué crees que es importante descubrir el mundo?

2. Imagina un viaje real o imaginario y, en tu cuaderno, prepara una presentación oral (100–150 palabras) para toda la clase. Intenta utilizar **una variedad de tiempos verbales**. Menciona los siguientes puntos:

   - destino
   - cómo fue el viaje (dos detalles)
   - alojamiento (dos cosas positivas y dos negativas)
   - actividades (tres)
   - lo mejor y lo peor del viaje.

   Escucha las presentaciones de tus compañeros y rellena la siguiente tabla con la información de dos o más personas.

Destino	Detalles sobre el viaje	Detalles sobre el alojamiento	Actividades	Lo mejor y lo peor

3. Lee el siguiente texto y responde a las preguntas. No necesitas escribir frases completas.

   > Siempre voy de vacaciones al mismo sitio. Mis padres y yo vamos a la casa de mis abuelos en la costa en verano. Vamos en tren porque es más cómodo y podemos relajarnos. Cuando estamos allí pasamos tiempo nadando en la playa o vamos a restaurantes de comida local.

   a ¿Con quién va de vacaciones? ....
   b ¿Adónde van? ....
   c ¿Cuándo van? ....
   d ¿Cómo van? ¿Por qué? ....
   e ¿Qué hacen allí? ....

4 Lee el siguiente texto sobre un grupo de amigos que va de vacaciones y responde a las preguntas en tu cuaderno. Intenta escribir frases completas.

> El verano pasado, mis amigos y yo decidimos viajar a España para unas vacaciones. Antes del viaje, hicimos una reserva en un hotel, pero cuando llegamos, nos dijeron que no había disponibilidad. Tuvimos que buscar otro alojamiento y encontramos un albergue, pero las habitaciones eran pequeñas y el suelo estaba sucio. Además, el grifo no funcionaba y no había toallas limpias.
>
> Al día siguiente, decidimos ir a un sitio diferente y nos alojamos en una casa rural. Todo parecía perfecto, pero por la noche vimos que el aire acondicionado no funcionaba y hacía mucho calor. También, la puerta y la ventana hacían ruido. Pusimos una queja, pero no hicieron nada.

a ¿Cuál fue el problema con el hotel?
b ¿Qué problemas había en el baño del albergue?
c ¿Cuál fue la primera impresión de la casa rural?
d ¿Qué afectó negativamente a la temperatura de la casa?
e ¿Hubo una solución a todos los problemas en la casa al final?

5 Continúa la historia de la actividad anterior. Escribe un texto de 90–100 palabras. Utiliza las siguientes palabras:

| camping | comisaría de policía | formulario | maleta | manta |
| mojado | objetos perdidos | pasaporte | retraso | vuelo |

Unidad 11
Comunicación y tecnología

Vocabulario

Base

1 Encuentra el nombre de ocho dispositivos. Utiliza el ejemplo como modelo.

2 Empareja cada definición con una palabra del cuadro de vocabulario.

la cámara   la computadora / el ordenador
descargar   el ratón   el teléfono

a dispositivo electrónico utilizado para realizar llamadas y enviar mensajes

....

b aparato que permite capturar imágenes y videos ....

c Acción de obtener o bajar archivos de Internet o de un ordenador a un dispositivo

....

d pequeño dispositivo que se usa para mover el cursor en una computadora

....

e máquina utilizada para procesar información y ejecutar programas

....

Práctica

3 Elige la opción correcta para completar cada frase.

a Para hablar con varios amigos al mismo tiempo en línea, utilizo ....

i el grupo de chat
ii el sitio web
iii el ratón
iv la privacidad

b Para enviar documentos y recibir información de manera formal, se usa ....

    i el mensaje   iii el correo electrónico

    ii las redes sociales   iv los auriculares

c Instagram y Facebook son ejemplos de .... con muchos seguidores.

    i el grupo de chat   iii redes sociales

    ii la wifi   iv vídeo blog

d Un creador de contenido puede compartir su vida diaria en ....

    i el correo electrónico   iii el mensaje

    ii el videoblog   iv la wifi

e Es importante cuidar .... para proteger nuestros datos personales en línea.

    i la privacidad   iii el sitio web

    ii el grupo de chat   iv Internet

Reto

4 Completa el texto usando todas las palabras del cuadro de vocabulario. Utiliza el ejemplo como modelo.

> almacenar   los archivos   conexión inalámbrica   contraseña
> dispositivos   grabar   Internet   la nube
> publicar   red segura   ~~la seguridad en línea~~   teléfono móvil

La seguridad de los dispositivos

Hoy en día, _la seguridad en línea_ es crucial para proteger nuestros datos y .... personales. Siempre recomiendo tener una .... fuerte para evitar que los hackers accedan a nuestra información. Además, para guardar .... más importantes, suelo .... en .... y así tener acceso a ellos desde cualquier dispositivo.

Cuando necesito mover documentos entre mi computadora y mi ...., uso la transferencia de datos a través de la wifi. También es útil cuando quiero .... un video o audio de manera rápida.

Cuando estoy fuera de casa y no tengo acceso a una red fija, me conecto a .... mediante una .... Por supuesto, me aseguro de conectarme a una ...., especialmente si estoy en un lugar público y voy con mucho cuidado antes de .... información personal en la red.

5   Lee cómo usan la tecnología los siguientes jóvenes y selecciona las palabras que se ajustan para cada uno de los jóvenes. Justifica tus respuestas.

- aplicación, teléfono móvil, documento
- tableta, carpeta, información
- blog, archivo, noticias en línea, publicar en la red

> **Carlos:** Me gusta tener todo organizado de forma eficiente en pocos clics. Utilizo herramientas digitales con pantalla interactiva para acceder rápidamente a todo lo que necesito, desde información hasta tareas para mi trabajo. Siempre tengo lo esencial al alcance de mi mano, sin perder tiempo en buscar lo que necesito.

....

> **Susana:** Prefiero que todo esté bien estructurado para encontrar la información con facilidad. Me encanta usar tecnología para mantener mis cosas en orden y poder acceder a ellas cuando lo necesite con dispositivos pequeños y móviles, todo de forma simple y sin complicaciones.

....

> **Jordi:** Me encanta estar al día con lo último en comunicación digital. Utilizo Internet para mantenerme informado, descubrir cosas nuevas y almacenar lo que encuentro interesante. También tengo mi propia plataforma donde escribo sobre tecnología en mi publicación en línea.

....

Gramática

Base

1   Lee las frases y elige **la preposición** correcta según el ejemplo.

a   La aplicación permite compartir archivos (~~en lugar de~~ / con / ~~debajo de~~) los usuarios de todo el mundo.

b   El archivo de audio está almacenado (en / junto a / debajo de) la carpeta de descargas.

c   La conexión a Internet mejora (debido a / a través de / encima de) la red 5G.

d   Los correos electrónicos se envían (por / con / encima de) un servidor seguro.

e   Las videollamadas funcionan mejor (debido a / a través de / junto a) una red de alta velocidad.

2 Completa el texto utilizando la forma correcta del **futuro simple**.
Utiliza el ejemplo como modelo.

La semana que viene Ana ...organizará... (*organizar*) una fiesta virtual para sus amigos, donde todos puedan participar sin moverse de sus casas. Dice que .... (*enviar*) una invitación por medio de su asistente virtual de inteligencia artificial, lo cual es del todo innovador. Durante el evento, algunos invitados .... (*usar*) gafas de realidad aumentada para disfrutar más de la reunión virtual. Otros .... (*conectarse*) con sus dispositivos de realidad virtual para que la experiencia sea todavía más inmersiva. Muchos .... (*llevar*) también comida y bebida ya que la fiesta va a durar dos o tres horas. Sin duda va a ser una experiencia única. .... (*venir*) más gente de la que nos esperamos.

Práctica

3 Completa las frases con la forma correcta del verbo en **futuro perfecto**.
Utiliza el ejemplo como modelo.

  a Para el próximo mes, creo que entre todos los que estamos trabajando en esto ...habremos optimizado... (*optimizar*) el sistema para que funcione más rápido.

  b Antes de la próxima actualización de software, Denise .... (*configurar*) todos los dispositivos para mejorar la conectividad.

  c Dentro de un año, los de la empresa de al lado .... (*lanzar*) una nueva versión del programa con mejoras significativas.

  d Creo que para la próxima semana yo .... (*completar*) el proyecto de integración con la nube.

  e Antes de que termine el semestre estoy seguro de que Tomás .... (*aprender*) a usar todas las herramientas de edición de video en línea.

4 Completa las frases con la forma correcta del verbo. Utiliza el ejemplo como modelo.

  a En muchas escuelas, se .... (*usar*) tabletas para estudiar.

  b Hoy en día, se .... (*enviar*) muchos mensajes y fotos a través del móvil.

  c En esta página web se .... (*vender*) portátiles de segunda mano.

  d Se .... (*decir*) que la inteligencia artificial cambiará el futuro del trabajo.

  e En algunas casas, se .... (*instalar*) cámaras de seguridad inteligentes.

Reto

5 ¿Qué **preposición compuesta** necesitas en cada caso? Completa las frases usando la primera letra de la palabra (o frase) que falta para ayudarte. Utiliza el ejemplo como modelo.

   a   Para mejorar la velocidad de internet, hay que sentarse ......junto...... a la caja de wifi.

   b   Uso el portátil de mi hermana en l........................ del mío, que está roto.

   c   Se debe tener cuidado compartir datos personales a t........................ de cualquier medio en línea.

   d   Mi padre trabaja muchas horas e........................ del ordenador, aunque hace pausas para descansar la vista.

   e   Los mensajes a t........................ de plataformas de chat nos permiten comunicar rápidamente.

   f   Prefiero enviar cartas en l........................ de comunicarme por correo electrónico.

6 Ordena los elementos para formar la frase completa. Utiliza el ejemplo como modelo.

   a   Aquí /archivos / los / se / carpetas / en / guardan
       Aquí se guardan los archivos en carpetas.

   b   Si / no / se / la / encuentra / contraseña / restablece / otra / se

   c   conectividad / Mientras / revisa / la / se / actualiza / el / software / se

   d   el / forma / aprender / La / mejor / configurando / se / en / celular / de / da

   e   para / Se / la / actualizan / los / regularmente / seguridad / sistemas / mejorar

   f   usa / para / Siempre / proteger / un / se / método / datos / los / seguro

Destrezas

1 Vuelve a ver el vídeo de la presentación de esta unidad y responde en tu cuaderno a estas preguntas.

   a   ¿Cuál es el aspecto más interesante que has visto en el vídeo?

   b   ¿Hay algún aspecto del vídeo que no te parece tan interesante? ¿Por qué?

   c   ¿Cuántas palabras de las que estudiaste en esta unidad se mencionan en el vídeo?

   d   Escribe una lista de palabras nuevas que has aprendido durante esta unidad.

   e   ¿Cómo describirías el tipo de tecnología que se menciona en el vídeo? ¿Alguno te resultó especialmente curioso?

   f   ¿Cómo crees que la tecnología está cambiando los hábitos de los jóvenes? ¿Puedes dar algún ejemplo del vídeo?

2 Lee este texto y contesta a las siguientes preguntas en tu cuaderno. Escribe frases completas.

> **Sancho y el uso de la tecnología en la escuela**
>
> Sancho utiliza la tecnología de manera eficiente como ayuda para sus estudios en la escuela. Cada mañana, antes de comenzar las clases, revisa su tableta para repasar las notas que ha tomado en sus clases anteriores. Durante el día, utiliza aplicaciones educativas en su ordenador portátil para reforzar los temas que está aprendiendo. Además, se organiza con calendarios digitales para gestionar su tiempo y asegurarse de cumplir con todas sus tareas y exámenes. Cuando necesita trabajar en algún proyecto, prefiere buscar información en sitios web confiables y utiliza herramientas en línea para hacer presentaciones y resúmenes visuales. A Sancho le gusta utilizar plataformas educativas para interactuar con sus compañeros y profesores, especialmente cuando tiene dudas sobre algún tema. Gracias a la tecnología, Sancho puede estudiar de forma más organizada y eficiente, mejorando sus resultados académicos. Además, aprovecha las oportunidades que le da la tecnología para acceder a recursos adicionales como profesores con muchos seguidores que dan tutoriales en vídeo, foros de discusión y aplicaciones de aprendizaje personalizado, lo que le permite reforzar los contenidos de manera dinámica y adaptable a sus necesidades.

- **a** ¿Qué dispositivo usa Sancho para repasar sus notas antes de comenzar las clases?
- **b** ¿Cómo organiza Sancho su tiempo para cumplir con sus tareas y exámenes?
- **c** ¿Qué herramienta prefiere usar Sancho para investigar información para sus proyectos?
- **d** ¿Qué tipo de plataformas utiliza Sancho para interactuar con sus compañeros y profesores?
- **e** ¿Cómo le ayuda la tecnología a Sancho en sus estudios?
- **f** ¿Come le ayudan los tutoriales en vídeo y aplicaciones de aprendizaje personalizado a Sancho?

3 Con tu compañero/a, haz una lista de los dispositivos tecnológicos que ves en la imagen. Utiliza un diccionario si lo necesitas. Añade el tipo de dispositivos que utilizas a diario.

4 ¿Qué tipo de dispositivos tecnológicos te gustan y no te gustan y por qué? Contesta a la pregunta en tu cuaderno justificando tu respuesta. Escribe 60–80 palabras en total.

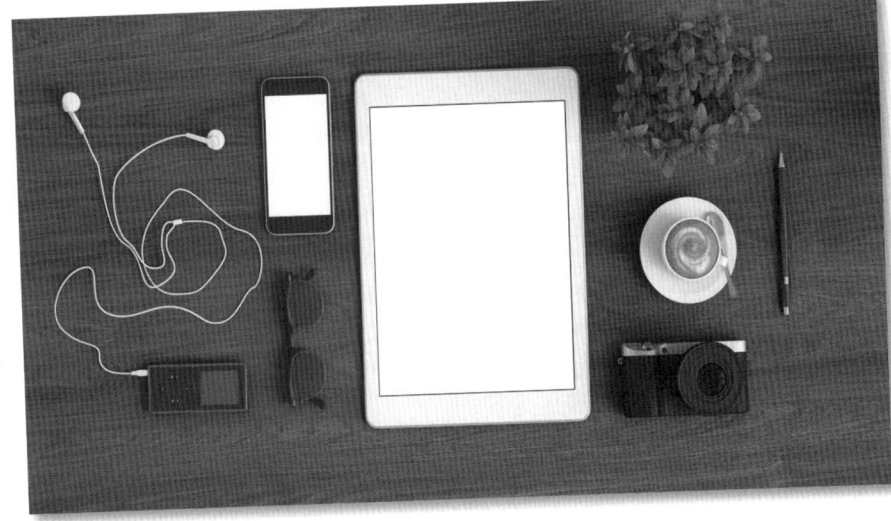

> Unidad 12
El mundo que nos rodea

Vocabulario

Base

1 Ordena las letras para formar palabras relacionadas con la Tierra.
   Utiliza el ejemplo como modelo.

   a a l o g   lago
   b r m a   ....
   c a o c o é n   ....
   d o r í   ....
   e á c o v n l   ....
   f r n e a a   ....
   g l a i s   ....
   h a l e t p n a ....

2 Busca la palabra que no se corresponde en cada lista.
   Utiliza el ejemplo como modelo.

   a río, mar, lago, océano, (arena)
   b viento, sol, tormenta, trueno
   c Tierra, contaminación, extinción, deforestación
   d reducir, nevar, reutilizar, reusar
   e frío, nieve, clima, granizo
   f lluvia, trueno, agua, relámpago

Práctica

3 Completa las siguientes frases con la palabra adecuada del cuadro de vocabulario.
   Utiliza el ejemplo como modelo. No necesitas utilizar todas las palabras.

   | granizo | nieve | nubes | océanos | planeta | ríos |
   | sol | Tierra | tormentas | vientos |

   a Es importante cuidar los ......ríos...... y .... para tener peces sanos.

   b A menudo la gente no se preocupa por la situación del ....

   c En mi país el clima es extremo con grandes .... y fuertes ....

   d Cuando hace mucho frío tenemos .... y ....

4 Empareja los verbos con el nombre más adecuado.
Utiliza el ejemplo como modelo.

apagar las luces

> ahorrar ~~apagar~~ la basura las bolsas de plástico
> cerrar cuidar la energía del planeta el grifo ~~las luces~~
> papel reciclar reutilizar separar

Reto

5 Completa los espacios en blanco en el texto, usando la primera letra de las palabras que faltan para ayudarte. Utiliza el ejemplo como modelo.

Nuestro .... planeta .... se enfrenta a muchos problemas que afectan a la T................ . Las aguas de los l................ , m................ y los océanos están contaminados por la b................ y productos químicos. La d................ destruye los bosques, causando graves p................ para los animales. Además, la c................ del aire y del a................ es cada vez peor con el uso excesivo de e................ no renovable. Las t................ y la ll................ ácida dañan el medio ambiente.

Para ayudar, debemos r................ , reducir y r................ materiales, reduciendo la contaminación. También es importante usar energías limpias y proteger los r................ naturales. Si todos colaboramos, podremos salvar el planeta y asegurar un f................ sostenible.

6 En tu cuaderno, escribe una frase con cada grupo de palabras.
Utiliza el ejemplo como modelo.

  a casa, apagar, separar, reciclar

  En casa, es importante apagar las luces, separar la basura y reciclar para cuidar el medio ambiente.

  b bosque, deforestación, contaminación, agua

  c arena, playa, gente, basura

  d clima, pensar, tormentas, preocuparse

Gramática

Base

1 Pon los siguientes verbos en la forma correcta del **pretérito perfecto compuesto**.
Utiliza el ejemplo como modelo.

a desaparecer (los animales) han desaparecido

b tirar (vosotros) ....

c llover ....

d reducir (nosotros) ....

e separar (yo) ....

f cuidar (tú) ....

2 Ordena los elementos para formar la frase completa.
Utiliza el ejemplo como modelo.

a a veces / coche / usamos / en / la ciudad / el
A veces usamos el coche en la ciudad.

b deja / luces / nunca / encendidas / las / Juan
....

c reciclamos / los plásticos / siempre / en / mi casa
....

d mi hermana / ropa / raramente / nueva / compra
....

e botellas / a menudo / las / reusar / intento
....

Práctica

3 Completa los espacios en blanco en el texto, utilizando **una preposición** del cuadro de vocabulario. Las preposiciones **a** y **de** aparecen más que una vez.
Utiliza el ejemplo como modelo.

a con de en por

En los últimos años, hemos hablado ....de.... los problemas ambientales que afectan al planeta. Es importante pensar .... el impacto de nuestras acciones y entender que dependemos .... la naturaleza para sobrevivir. Muchas personas sueñan .... un mundo más limpio, pero pocas se preocupan .... cambiar sus hábitos. La contaminación influye .... la calidad del aire y del agua, afectando .... nuestra salud. Debemos ayudar .... reducir el uso de plásticos y cuidar .... los bosques. Debemos aprender a disfrutar .... la naturaleza sin dañarla.

4 Completa las siguientes frases utilizando **comparativos y superlativos**.
Utiliza el ejemplo como modelo.

a La contaminación es un problema grande pero la deforestación ......*es un problema mayor*......

b Cualquiera basura es mala pero el plástico ....

c Reciclar es bueno, pero reducir ....

d La basura por las calles no afecta a mi ciudad, es un ....

e Los coches que funcionan con gas natural son buenos pero los que usan energía limpia
....

Reto

5 Escribe una frase con cada grupo de palabras en tu cuaderno.
Utiliza **expresiones impersonales** (se debe, es necesario, hay que, hace falta, etc.).
Utiliza el ejemplo como modelo.

a energías limpias / coches / gas natural
Se debe usar energías limpias y reducir el uso de coches que funcionan con gas natural.

b deforestación / basura / Tierra

c ahorrar / energía / luces

d océano / agua / vida

e planeta / cuidar / reducir

6 Completa el siguiente texto con los verbos del cuadro en la forma correcta
del **pretérito perfecto compuesto**. Utiliza el ejemplo como modelo.

| aumentar cambiar desaparecer destruir empezar |
| promover subir ~~sufrir~~ tomar utilizar |

En los últimos años, el medio ambiente ......*ha sufrido*...... muchos daños debido
a la contaminación y al cambio climático. Las temperaturas .... ,
el nivel del mar .... , muchas especies .... y la
deforestación .... bosques.

Para proteger el planeta, muchas personas .... sus hábitos;
.... a reciclar, a usar menos plásticos y a ahorrar agua.

También .... más energías limpias. Además, los gobiernos
.... medidas para reducir las emisiones de CO_2 y
.... el uso del transporte público.

Destrezas

1 Vuelve a ver el vídeo de presentación de esta unidad y responde en tu cuaderno a estas preguntas.

    a ¿Cuál es el aspecto más interesante que has visto en el vídeo?

    b ¿Hay algún aspecto del vídeo que no te parece tan interesante? ¿Por qué?

    c ¿Cuántas palabras de las que estudiaste en esta unidad se mencionan en el vídeo?

    d Escribe una lista de palabras nuevas que has aprendido durante esta unidad.

    d ¿Con qué parte del vídeo te has sentido más identificado? Razona tu respuesta.

    e ¿Qué relación encuentras entre el contenido del vídeo y tus experiencias personales?

2 Lee la siguiente carta y escoge la opción correcta para cada pregunta.

> Hola Clara:
>
> Hoy vi un documental sobre el medioambiente y ahora estoy muy preocupado. Cada año las temperaturas suben y el clima es más extremo con más tormentas y huracanes. De momento no afecta a donde yo vivo, pero en el futuro quizás sí. En mi ciudad hay mucha basura y creo que, en general la gente utiliza demasiada energía. Me siento mal porque creo que no hago lo suficiente.
>
> ¿Tú que piensas?
>
> Un saludo,
>
> Pedro

    a Pedro...

        i está feliz porque las temperaturas son más altas.

        ii no está feliz por las temperaturas altas.

        iii quiere más tormentas.

    b Los huracanes...

        i no son un problema donde vive Pedro.

        ii son un gran problema donde vive Pedro.

        iii afectan a donde vive Pedro en todo momento.

    c La ciudad de Pedro...

        i está sucia.

        ii está limpia.

        iii tiene una energía positiva.

    d Pedro...

        i cuida del medioambiente a menudo.

        ii está contento con lo que hace por el medioambiente.

        iii piensa que podría hacer más por el medioambiente.

3   Lee el siguiente folleto y contesta a las preguntas en tu cuaderno.
    Usa frases completas.

> **CUIDEMOS NUESTRO PLANETA**
>
> **Ahorra energía**
>
> Todos utilizamos demasiada energía y es necesario reducir el consumo. Se debe apagar las luces cuando salimos de una habitación y sólo tener encendidos los aparatos electrónicos que necesitamos. Esto además nos hará gastar menos dinero.
>
> **Usa transporte sostenible**
>
> Es fácil reducir la cantidad de gases que dañan el planeta y hace falta pensar en opciones mejores. Caminar o ir en bicicleta son opciones que causan un daño menor al medioambiente y mejoran la calidad del aire. Se debe usar el transporte público y si no hay otra opción que ir en coche intenta compartirlo.
>
> **Reduce, reutiliza y recicla**
>
> Es preciso utilizar las botellas y las bosas de plástico muchas veces para crear menos basura. Además, se debe reciclar todo lo posible en casa y en el colegio. Pero, por supuesto lo más importante es consumir menos. Recuerda que cada pequeña acción cuenta y entre todos juntos podemos hacer un mundo mejor.

   a   ¿Qué otro aspecto positivo tiene ahorrar energía?
   b   ¿Qué doble beneficio tienen ir en bicicleta o caminar?
   c   ¿Qué podemos hacer para hacer más ecológicos los viajes en coche?
   d   ¿Qué beneficio tiene reducir la cantidad de botellas y bolsas que compramos?
   e   ¿De quién es la responsabilidad de mejorar la situación del planeta?
   f   ¿Cuál de las tres soluciones del folleto te parece más fácil de hacer?
       ¿Cuál te parece mejor para el medioambiente?

4   Basándote en la carta de Pedro de la Actividad 2, escribe una respuesta
    de 40–50 palabras. Contesta estas preguntas.

    • ¿Con qué frecuencia apagas las luces al salir de una habitación?
    • ¿Cada cuánto reciclas el papel?
    • ¿Cada cuánto usas el transporte público en vez del coche?

    ....
    ....
    ....

5   Basándote en el folleto sobre el medio ambiente de la Actividad 3, escribe
    la segunda parte del folleto en tu cuaderno. Escribe 120–140 palabras
    y menciona los siguientes puntos:

    • Formas de ahorrar agua
    • Formas de cuidar del medioambiente en el colegio
    • Formas de cuidar de la ciudad

Unidades 9–12
Repaso

1. Utiliza las pistas en el cuadro de vocabulario para buscar las 13 palabras en la sopa de letras. Todas son relacionadas con **los medios de transporte**.

un autobús grande	lo necesitas para viajar
puede ser una mochila	tiene dos ruedas
sitio donde te bajas del bus	sitio donde para el tren
tiene dos ruedas y motor	tiene cuatro ruedas
va por el aire	va por carretera y lleva a mucha gente
va por debajo de la tierra	va por el mar
va por vías de metal	

```
A T M Ó B B O L N W W V Y L G P N Q
O I M Y L I B O C W W D Z P T V E
J W B M E J L N A O C A Z U G X O M
V A L A B A Y L S R D L O J J Ó N A
R O T O M Q G Z E A C W Ó L U X V X
W C V J E W A F R T K O X A N B K C
T X Y S G K D A Z N E U V E E Ú Ó T
P I B Ú N I P H U J O X R J N F W K
H E Y B N Ó I V A E R T U E Ó F L B
I R H O I E D E P I T C E X I H Ú Y
S V U T S C Q H B P E C Y D C C F X
L L Y U C T I U P Z M B V Ú A C H J
H B I A D J S C I D Y Ú O Q T N Q M
U X J U U D L Z L P X K S A S M J U
B F R I R A K B D E A L E K E K V P
U N T C O C H E Ú Q T J G Y P I X C
Z U R A C O T U A M D A E F D Ó C N
V F J H T O W Q J W T U A Y H Q F V
```

2 Une las palabras relacionadas con las vacaciones con las definiciones, según el ejemplo.

a	albergue	i	La pones en la cama cuando hace frio.
b	alojarse	ii	Lo haces en la cama o en el sofá para descansar.
c	bañarse	iii	Lo puedes hacer en la piscina o en la playa.
d	maleta	iv	lo que haces para estar seguro de que hay sitio en un hotel
e	manta	v	lo que pones cuando no estás contento con un servicio
f	playa	vi	objeto para llevar ropa de viaje
g	queja	vii	quedarse a dormir en un sitio
h	reserva	viii	sitio a la orilla del mar para tomar el sol y nadar
i	tumbarse	ix	sitio para dormir barato

a ....ix.........   d ....   g ....

b ....   e ....   h ....

c ....   f ....   i ....

3 Completa las frases con las palabras del cuadro de vocabulario. No necesitas utilizar todas las palabras.

> blog   carpetas   celular   descargar   guardar   mandar
> mensaje   navegar   portátil   red   tableta   ~~teclado~~

a   Mi ......teclado...... no funciona así que no puedo escribir nada en el portátil.

b   Estaba haciendo los deberes, pero no los pude .... y los perdí.

c   Voy a .... una película para verla en el avión.

d   Tengo muchas fotos en mi ordenador, pero las tengo organizadas en ....

e   Lo siento, no vi el .... que me enviaste.

f   Cuando tengo tiempo me gusta .... por Internet y ver mis redes sociales.

9–12 Repaso

4 Completa el texto con la forma correcta de los verbos en **futuro simple**. Utiliza el ejemplo como modelo.

El año que viene, yo ......**tendré**...... (*tener*) unas vacaciones increíbles.

Mis padres y yo .... (*viajar*) a Italia durante dos semanas. Primero, ... (*visitar*) Roma, donde .... (*ver*) el Coliseo y muchos museos. Después, ... (*ir*) a Florencia para conocer el arte y la arquitectura. También .... (*comer*) mucha pizza y pasta.

En la segunda semana, nosotros .... (*alquilar*) un coche y .... (*conducir*) por la costa de Amalfi. Las vistas .... (*ser*) espectaculares y .... (*sacar*) muchas fotos. Mis padres .... (*descansar*) en la playa mientras yo .... (*nadar*) en el mar y .... (*escuchar*) música.

Al volver, ... (*pasar*) unos días con mis amigos. Juntos .... (*ir*) al cine, ... (*jugar*) al fútbol y .... (*tomar*) helado en nuestra heladería favorita. Creo que el próximo verano .... (*ser*) muy divertido y .... (*recordar*) estas vacaciones para siempre.

5 Completa las frases con **la preposición** adecuada (a, en, de, con, por, para), según el ejemplo. Recuerda que **a + el → al**; **de + el → del**.

a Siempre que vamos ......**a**...... Alemania vamos .... coche.

b Este mensaje es .... ti .... tu vecino.

c La reserva .... hotel .... Semana Santa le llegará .... correo electrónico.

d Siempre ayudo .... mis padres .... el jardín durante las vacaciones.

e Mis amigos hablan .... la situación .... planeta .... menudo.

f Voy .... jardín .... ayudar .... mi hermano .... el césped.

6 Completa el crucigrama con la forma correcta de **los verbos en pretérito** o en **imperfecto** utilizando las pistas.

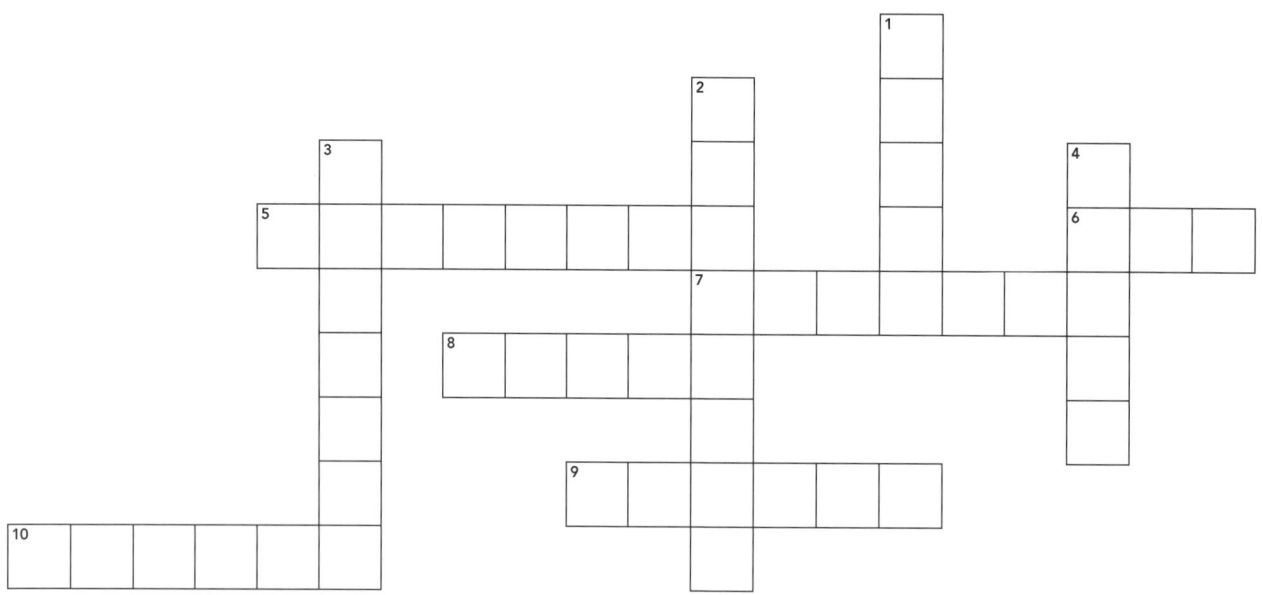

Horizontal

5 Tus padres ... (*venir*) muy temprano.
6 De pequeño yo siempre ... (*ir*) a las montañas.
7 Todas las mañanas mi amigo y yo ... (*dar*) un paseo.
8 Esta mañana ... (*hacer*) mucho sol cuando fui al parque.
9 (*Estar*) viendo la tele cuando me llamaste.
10 Mi hermano y yo ... (*ir*) a la playa en verano.

Vertical

1 La casa ... (*tener*) tres habitaciones.
2 ¿Me ... (*mandar*) el correo con la información?
3 Mis amigos y yo ... (*hacer*) muchos deportes diferentes.
4 ¿(*Ver*) la película que te recomendé?

> Unidades 9–12
Rincón práctico

1   Lee los textos (a–e) y los anuncios (i–vii). ¿Cuál es el mejor viaje para cada persona?

a   Jaime: Buscamos algo que sea relajante como caminar. Queremos disfrutar de la naturaleza y apreciar las vistas, pero no tomar el sol ni estar con muchos turistas. ....

b   Ruth: No me gustan nada los viajes organizados. Quiero la flexibilidad de poder reservarlo todo por Internet yo misma. No estoy muy segura de si quiero coger un vuelo largo o simplemente alquilar una moto e ir a algún sitio más cerca. ....

c   Lucas: Estoy harto de pasar horas delante de una pantalla así que para mis vacaciones no quiero hacerlo. Necesito alguien que me de opciones y que haga todas las reservas por mí. El destino y la localización me dan igual. ....

d   Abel: Quiero algo fácil. Pensión completa en un hotel con buenas instalaciones y todas las actividades organizadas. Prefiero algo en la montaña y ponerme moreno no me interesa. ....

e   Yara: Vamos a ir toda la familia con varias maletas y nuestros instrumentos musicales así que los aviones y trenes no son ideales para nosotros. No nos importa conducir, pero nos gustaría descubrir nuevas culturas. ....

i   Consulta nuestra página web o descárgate nuestra aplicación en tu móvil o tableta para descubrir todas las opciones al alcance de tus dedos. Tenemos desde las opciones más exóticas en playas de arena blanca donde tomar el sol hasta proyectos de voluntariado.

ii   Descubre la naturaleza de las montañas. Completa flexibilidad y cocinas donde puedes cocinar comida del mercado local. Conexión wifi para que puedas buscar información y reservar las actividades que te interesen más.

iii   Nuestras espaciosas casas rurales son el alojamiento perfecto para los amantes de la naturaleza. Paseos alrededor del lago y vistas espectaculares de las colinas y del famoso volcán.

iv   Nuestras vacaciones activas son lo que buscas. Si quieres esquiar y disfrutar de la belleza de las montañas en estado puro, ven a vernos. Nuestras ofertas lo tienen todo incluido; simplemente rellena el formulario con tus datos.

v   Nuestros viajes en barco son la opción perfecta para ver diferentes países. No hay límite de equipaje y nos ocupamos de todo. Puedes disfrutar del sol y hacer múltiples actividades por las tardes.

vi   Si te gustan las vacaciones activas esta es la opción para ti. Nuestras rutas por la montaña van desde los 20 a los 40 kilómetros por día. Alojamiento en tiendas de campaña tradicionales y yoga por las noches.

vii   Somos una agencia de viajes tradicional. Ven a nuestra oficina y nos ocuparemos de todo. Reservamos tus billetes, buscamos el alojamiento perfecto y organizamos todas las actividades. Nuestra especialidad son los viajes sin estrés.

2 Vas a oír una entrevista con Yurem, un joven famoso por sus vídeos en las redes sociales. Para cada título (a–f) indica la afirmación correcta (i–viii).

  a Las pantallas: ....
  b Los móviles: ....
  c Las aplicaciones: ....
  d Las noticias en Internet: ....
  e Las redes sociales: ....
  f Antes de viajar: ....

  i   A veces pueden tener peligros.
  ii   Afectan a la salud de los jóvenes.
  iii Hacen que los jóvenes duerman poco.
  iv   Los jóvenes quieren informarse.
  v   Mejoran la salud física.
  vi   Pueden ser incorrectas o falsas.
  vii Pueden ser una buena forma de educarse.
  viii Sirven para comunicarse entre ellos de forma rápida.

3 Practica por turnos el juego de rol con tu compañero/a.
   Uno de vosotros es el profesor y el otro responde a las preguntas.

> **Tú**
> Estás volviendo del colegio en tren y perdiste tu mochila.
> Llamas al teléfono de ayuda.

> **Profesor**
> - Buenos días, ¿En qué puedo ayudarle?
> - Descríbame su mochila.
> - ¿Qué hay dentro de su mochila?
> - ¿Dónde perdió usted su mochila?
> - ¿Dónde va a estar esta tarde?

CONSEJO

Los juegos de rol

Preste atención a los tiempos verbales; muy a menudo se puede reciclar el mismo verbo que utiliza el examinador en el mismo tiempo, cambiando simplemente la terminación. Ejemplo:
¿Dónde perdió . . . →
La perdí . . .

4 Lee la primera parte del siguiente blog. En tu cuaderno, contesta a las preguntas.

Noteaburrasenvacaciones.miblog

¿Qué hacer en vacaciones?

Las vacaciones son el mejor momento para descansar, pero también para hacer cosas nuevas. Viajar sigue siendo la opción más popular. Mucha gente viaja en avión porque es cómodo y rápido, pero hay otras opciones igual de buenas. Si viajas en coche, evita las carreteras en horas punta para no sufrir atascos.

Si quieres pasar tiempo con amigos o familia, puedes reservar una casa rural en una localización tranquila. Es perfecto para desconectar, tumbarse al sol sin preocupaciones y leer un buen libro. A otros les encanta ir a la playa. Puedes alojarte en un hotel o en un apartamento. Cualquier opción es buena, pero recuerda que tienes que comprar los billetes con tiempo y preparar bien tu equipaje.

  a ¿Para qué sirven las vacaciones?
  b ¿Qué hace la mayoría de la gente?
  c ¿Qué problema puede tener viajar en coche?
  d ¿Qué se puede hacer en una casa rural?

5 Lee la segunda parte del blog y escoge la opción correcta para cada pregunta.

> Sin embargo, no todo es descansar. También es importante cuidar el medioambiente. Casi nunca pensamos en eso cuando viajamos, pero es necesario ahorrar energía y reducir la polución del aire. La huella de carbono de volar en avión es enorme así que, si puedes intentar utilizar alternativas más ecológicas como los trenes.
>
> Y recuerda: las vacaciones también son una oportunidad para desconectarte de las pantallas. Deja de revisar tus correos electrónicos o mirar las redes sociales todo el tiempo. Disfruta del presente, habla con la gente, conoce nuevas culturas y haz algo diferente.
>
> En resumen, las mejores vacaciones no siempre son las más caras ni las más lejos, sino las que te hacen sentir feliz, relajado y libre. ¡Tú eliges!

a Descansar . . .
  i es lo más importante durante las vacaciones.
  ii es una de las cosas que se debe hacer durante las vacaciones.
  iii es algo en lo que tenemos que pensar cuando viajamos

b Durante las vacaciones debemos intentar . . .
  i usar menos energía y contaminar menos.
  ii tener energía para reducir la polución del aire.
  iii no pensar nunca.

c Los aviones . . .
  i tienen una huella de carbono enorme.
  ii son más ecológicos que los trenes.
  iii son la peor alternativa.

d Para desconectar de las pantallas debes . . .
  i revisar tus correos electrónicos.
  ii relajarte.
  iii no leer correos electrónicos ni usar las redes sociales.

e Para tener unas buenas vacaciones . . .
  i no tienes que gastar mucho dinero.
  ii tienes que evitar ser feliz.
  iii deben ser caras.

6 Vuelve a leer el blog de los ejercicios anteriores. En tu cuaderno, escribe un correo electrónico de 80–90 palabras a tu amigo que escribió el blog dándole tu opinión.

7 Habla con tu compañero/a. Por turnos preguntad y contestad a las siguientes preguntas. Intentad hablar durante al menos 30 segundos sin parar.
- ¿Por qué es importante tener vacaciones?
- ¿Cuáles fueron las mejores vacaciones que tuviste?
- ¿Cuáles son las mejores alternativas a las pantallas durante las vacaciones?

CONSEJO

De lo grande a lo pequeño

Una buena forma de ampliar tus respuestas cuando hablas o escribes es empezar por el panorama general y luego reducirlo. Menciona lo que hace la mayoría de la gente, luego tu colegio y, por último, tu experiencia personal.

8 Escucha los mensajes de audio de un grupo de amigos que están planeando un viaje al acabar el colegio. Escoge la opción correcta para cada pregunta.

a ¿Cuándo es el viaje?
   i   pronto
   ii   antes de los exámenes
   iii dentro de mucho tiempo   ....

b ¿Cuál es la prioridad para Thiago?
   i   pasar tiempo con sus amigos
   ii   conocer aeropuertos nuevos
   iii hacer un viaje largo   ....

c ¿De dónde saca Leila sus ideas para el viaje?
   i   de una aplicación nueva
   ii   de Thiago
   iii de una agencia de viajes   ....

d ¿Cuál es la prioridad para Leila?
   i   hacer un viaje largo
   ii   el medio ambiente
   iii tener asientos cómodos   ....

e ¿Cuál es la prioridad para Samir?
   i   el medio ambiente
   ii   tener tranquilidad
   iii tener muchas opciones

f ¿Por qué no pudo escuchar los mensajes Nora?
   i   estaba haciendo deporte
   ii   tenía el teléfono en silencio
   iii estaba estudiando   ....

g ¿Por qué piensa que deberían hacer más deporte?
   i   van a pasar mucho tiempo estudiando
   ii   hace buen tiempo
   iii es lo más típico en Grecia   ....

h ¿Por qué la opción de Nora es respetuosa con el medio ambiente?
   i   hay paneles solares en la casa y no hay coches
   ii   los coches son eléctricos
   iii no hay que ir en avión   ....

Unidad 13
Mi entorno

Vocabulario

Base

1. Busca las letras apropiadas que faltan en las siguientes palabras relacionadas con sitios en la ciudad. Utiliza el ejemplo como modelo.

   a   f _ b _ i _ a   *fábrica*
   b   a _ r _ p u _ r _ o   ....
   c   t _ a _ r _   ....
   d   i _ l _ s _ a   ....
   e   o f _ _ i _ a   ....
   f   e _ t _ _ i o   ....
   g   b _ _ l i _ t _ c _   ....
   h   c _ s _ i _ l _   ....

2. Busca la palabra o frase que no se corresponde en cada lista. Utiliza el ejemplo como modelo.

   a   edificio, piso, techo, (colina)
   b   biblioteca, estadio, puente, teatro
   c   autopista, aparcamiento, carretera, clínica
   d   muelle, cultivar, granja, plantar
   e   muro, recibo, moneda, cajero automático
   f   cliente, dependiente, rebajas, vendedor

Práctica

3. Copia la tabla en tu cuaderno. Escribe las palabras del cuadro de vocabulario en la categoría correcta.

   | autopista   autovía   biblioteca   bosque   campo   casa rural |
   | ~~carretera~~   colina   estadio   fábrica   granja   muelle |
   | oficinas   paso de peatones   teatro |

Infraestructuras	Lugares en la ciudad	Lugares en el campo
carretera		

4 Completa el texto usando todas las palabras del cuadro de vocabulario.

> ascensor   autopista   cajero automático   carretera   clientes
> dependiente   devolver   ~~plantas~~   quejarse   rebajas   recibo

El sábado fui de compras con mi madre. Fuimos al centro comercial porque tiene muchas ......plantas...... y un .... exterior que me encanta. Está un poco lejos así que cogimos la .... porque en la otra .... hay muchos atascos. Al llegar fuimos a mi tienda de ropa favorita y el .... , como siempre, fue muy amable con nosotros (¡y con todos los .... !) Estaban de .... , así que compramos muchas cosas. Sin embargo, una camiseta estaba rota y la tuvimos que .... Teníamos el .... así que no hubo problema. Lo único malo es que mi madre quería sacar dinero del .... , pero no funcionaba, y ella empezó a ....

Reto

5 Lee las descripciones y escribe qué es. Utiliza un diccionario si lo necesitas.

- **a** una carretera grande que suele ser de pago ......autopista...... .
- **b** una construcción de varias plantas con muchos pisos   e...................... .
- **c** la hierba de un jardín   c...................... .
- **d** el lugar donde llegan los barcos   m...................... .
- **e** un lugar en el campo con animales y cultivos   g...................... .
- **f** una montaña pequeña   c...................... .
- **g** una pared ancha   m...................... .
- **h** la parte que no está al sol   s...................... .
- **i** la parte superior de una casa   t...................... .
- **j** un piso pequeño con solo una habitación   e...................... .

6 Escribe una frase con cada grupo de palabras en tu cuaderno. Utiliza el ejemplo como modelo.

- **a** moverse / puente / carretera
  Lo mejor para moverse por la ciudad es cruzar el puente y coger la carretera circular.
- **b** edificado / granja / tranquilidad
- **c** fábrica / oficinas / teatro
- **d** césped / sombra / estrella
- **e** acercarse / vendedor / quejarse
- **f** piso / escaleras / ascensor

Gramática

Base

1 Rellena los huecos con la forma correcta del verbo **soler** en **presente**, según el ejemplo.

   a   Yo ....*suelo*......... ir de compras los fines de semana.
   b   ¿Qué (tú) .... hacer los fines de semana?
   c   Mis padres .... pasar mucho tiempo en el campo.
   d   Mi hermana no .... cruzar por este paso de peatones porque es muy peligroso.
   e   Nosotros .... cultivar muchas verduras.
   f   ¿Qué .... tu hermana y tú cuando vais al campo?

2 Escoge la forma correcta de los verbos, según el ejemplo.

   a   Mis abuelos ahora están (~~vivir~~ / viviendo) en una granja.
   b   Suelo (estudiar / estudiando) en casa porque no hay una biblioteca cerca.
   c   En estas oficinas están (trabajar / trabajando) mucha gente.
   d   No me gusta (quejarme / quejándome) en las tiendas.
   e   Esta tienda está de rebajas y está (vender / vendiendo) mucho.

Práctica

3 Cambia las siguientes frases al pasado utilizando **el imperfecto**. Utiliza el ejemplo como modelo.

   a   Suelo ir a la iglesia.   *Solía ir al mercado tradicional en agosto.*
   b   Suelen coger el ascensor. ....
   c   Solemos trabajar en una fábrica. ....
   d   Me gusta cortar el césped. ....
   e   Te falta el recibo. ....
   f   Le queda bien el vestido. ....

4 Por las siguientes frases en el orden correcto en tu cuaderno. Utiliza el ejemplo como modelo.

   a   cuatro / tiene / plantas / Este / tiene / no / balcón / pero / edificio
       Este edificio tiene cuatro plantas pero no tiene balcón.
   b   cajeros / Siempre / no / tarjeta / pago / porque / hay / cerca / con
   c   la / No / tranquilidad / los / me / ruidosos / sitios / prefiero / campo / gustan / del
   d   y / el / contaminación / hay / menos / campo / porque / Prefiero / vivir / tráfico / en
   e   de / conducir / que / aparcamiento / peor / Lo / es / tener / buscar / un
   f   mi / Sólo / pueblo / cruzar / el / puente / un / para / en / hay / río

5   Rellena los huecos del texto con **el pronombre de objeto indirecto** adecuado (me / te / le / nos / os / les). Utiliza el ejemplo como modelo.

Hoy en día, los jóvenes tienen hábitos de compra muy variados. A muchos de nosotros ......**nos**...... gusta comprar ropa de moda y zapatillas deportivas. A mí .... gusta ir de compras los fines de semana. A ti seguramente .... gusta buscar ofertas en Internet, ¿verdad?

Mis amigos siempre dicen que .... hacen falta pantalones nuevos o camisetas. A mi hermana, siempre .... encanta comprar libros, pero a mis amigos y a mí .... gusta más ir a las tiendas de segunda mano (somos minoría)!

En resumen, tenéis que pensar en lo que realmente .... hace falta, no solo en lo que .... gusta.

Reto

6   Rellena los huecos de las frases con **adjetivos terminados en -mente** formados a partir de los adjetivos del cuadro de vocabulario. Utiliza el ejemplo como modelo.

| cómodo | especial | eficiente | fácil | frecuente | fuerte |
| igual | ~~lento~~ | rápido | raro | perfecto | triste |

a   Subo a mi piso ......**lentamente**...... porque no hay ascensor.
b   Puedo ir al centro .... porque la autopista está al lado.
c   Nos movemos .... por la ciudad porque hay muchos autobuses.
d   Siempre me siento .... en jardín a la sombra de un árbol.
e   Siempre compro muchas cosas nuevas, ... en rebajas.
f   Mi madre tiene que llevar el coche al taller .... porque es muy viejo.

7   En tu cuaderno, escribe una frase con cada grupo de palabras. Utiliza el ejemplo como modelo.

a   devolver / recibo / quejarse
    Quiero devolver esta camiseta, pero necesito el recibo para quejarme en la tienda.
b   granja / cultivar / césped
c   muelle / salida / autopista
d   taller mecánico / fábrica / oficinas
e   planta baja / techo / estudio
f   paso de peatones / tráfico / puente

Destrezas

1. Vuelve a ver el vídeo de la presentación de esta unidad y responde en tu cuaderno a estas preguntas.

    a ¿Cuál es el aspecto más interesante que has visto en el vídeo?
    b ¿Hay algún aspecto del vídeo que no te parece tan interesante? ¿Por qué?
    c ¿Cuántas palabras de las que estudiaste en esta unidad se mencionan en el vídeo?
    d Escribe una lista de palabras nuevas que has aprendido durante esta unidad.
    e ¿Qué diferencias entre las ciudades y los pueblos se mencionan en el vídeo?
    f ¿Crees que la visión del futuro que se ofrece en el vídeo es posible?

2. Lee el siguiente correo electrónico y escoge la opción correcta para cada pregunta.

> **Para:** ayamara.marquez@micorreo.com
>
> **Asunto:** ¡Me he mudado!
>
> Hola Ayamara:
>
> ¡Acabo de mudarme! Ahora vivo en un piso en Bogotá. Está en la esquina de una calle con muchas tiendas, pero tranquila. Lo mejor es que tenemos un ascensor, el techo es alto y desde mi ventana hay vistas de las montañas que están lejos. No es como el castillo que se veía desde mi casa en España, pero igual me encanta.
>
> Lo único malo es que hay mucho ruido por la noche. Aun así, ¡me gusta mucho!
>
> Un abrazo,
>
> Daniela

   a Daniela . . .
      i   se quiere mudar.
      ii   vive en un lugar diferente.
      iii va a mudarse.

   b El piso de Daniela . . .
      i   no es ruidoso.
      ii   está lejos de las tiendas.
      iii antes era una tienda.

   c Daniela . . .
      i   vive lejos de la naturaleza.
      ii   vive cerca de las montañas.
      iii no puede ver las montañas.

   d Daniela . . .
      i   ve un castillo desde su piso.
      ii   querría vivir en un castillo.
      iii ya no puede ver el castillo.

3 Lee la siguiente entrada de un blog y contesta a las preguntas.
No necesitas escribir frases completas.

> **Vivir en el campo**
>
> Mucha gente piensa que vivir en el campo es ideal por la tranquilidad y la naturaleza. Sin embargo, también tiene aspectos negativos.
>
> Primero, es difícil moverse. No hay autopistas ni transporte público frecuente, así que necesitas coche para todo. Ir a hacer la compra también puede llevar mucho tiempo.
>
> Tampoco hay muchos servicios. Si necesitas un médico o una farmacia, tienes que ir a la ciudad que está más cerca. Tampoco hay muchos edificios o lugares de ocio como cines o centros comerciales.
>
> En algunas zonas, el trabajo es limitado. Puedes trabajar en una granja o plantar y vender verduras, pero no hay muchas otras opciones.
>
> Por último, aunque hay menos ruido, a veces los animales o las máquinas del campo también molestan.
>
> Vivir en el campo tiene cosas buenas, pero no es tan fácil como parece. ¡No todo es paz y naturaleza!

a ¿Cuál es la opinión general de vivir en el campo?
....

b ¿Cuál es uno de los principales aspectos negativos de vivir en el campo?
....

c ¿Qué actividad es más lenta en las ciudades?
....

d ¿Cuáles son las únicas opciones laborales?
....

e ¿Qué hace que el campo no sea silencioso?
....

f ¿Cómo se compara la opinión popular con la realidad de vivir en el campo?
....

4 Basándote en el correo de Daniela de la Actividad 2, escribe una respuesta de 70–80 palabras en tu cuaderno incluyendo la siguiente información.

- ¿Qué hay en el lugar donde vives?
- ¿Qué te gusta más?
- ¿Qué cambiarías?
- ¿Cómo era el sitio donde vivías antes?

5 Basándote en el blog sobre la vida rural de la Actividad 3, escribe la segunda parte del blog en tu cuaderno. Escribe 120–140 palabras y menciona:

- aspectos positivos de vivir en el campo
- beneficios para la salud física
- beneficios para la salud mental.

> Unidad 14
El mundo del trabajo

Vocabulario

Base

1. Completa las tablas con las profesiones según el ejemplo.
   Usa el diccionario si lo necesitas.

masculino	femenino
un doctor	una doctora
	una deportista
un enfermero	
un actor	
	una cantante
un maestro	
	una bloguera

masculino	femenino
	una presidenta
un peluquero	
un veterinario	
	una policía
un bombero	
un patrón	
	una camarera

2. Ordena las letras para formar la última palabra del grupo temático.

   a   abogado, periodista, soldado, i o t u r t e c q a ....arquitecto....

   b   medicina, ciencias de la educación, diseño, r n i n g í e i a e ....

   c   correo electrónico, carta, mensaje, c r í c l u o u r ....

   d   buscar, encontrar, obtener, s l o c i a t r i ....

   e   anuncio, candidato, currículo, t n e v s i r e a t ....

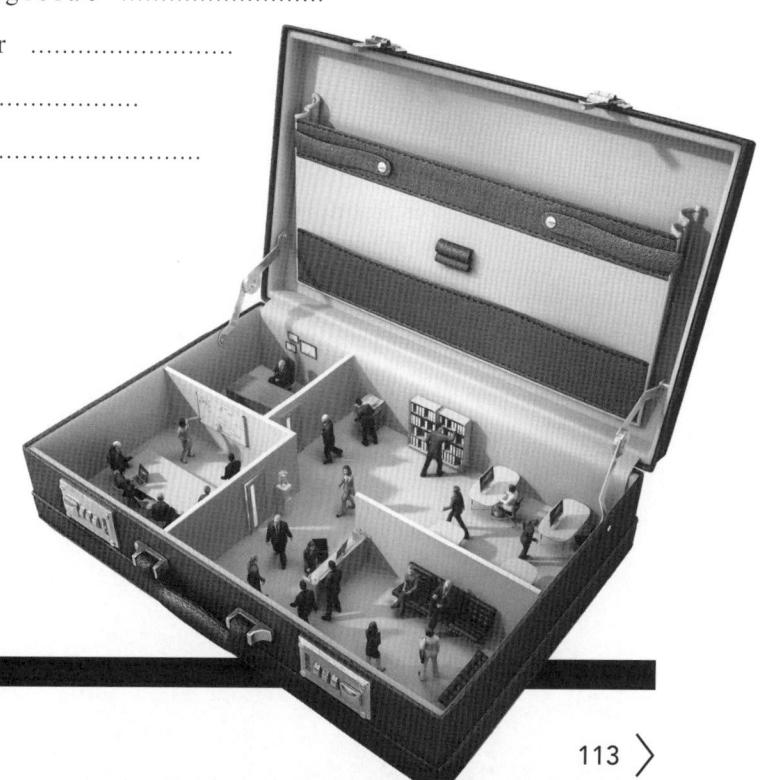

113

Práctica

3 Lee las frases y elige la opción correcta.

a Me gustaría tener un buen ......trabajo...... después de mis estudios.

    i correo   ii empresa   iii trabajo

b Mañana voy a tener una .... muy importante.

    i solicitud   ii entrevista   iii carta

c El año pasado hice unas .... en un supermercado.

    i prácticas   ii llamadas   iii profesiones

d Mi hermano todavía no sabe qué .... va a estudiar.

    i universidad   ii carrera   iii empresa

e Mi padre tiene un buen .... porque es un buen empresario.

    i departamento   ii anuncio   iii sueldo

4 Lee las descripciones y escribe qué es.

a Es una persona que trabaja haciendo las tareas en casa. ......ama/o de casa......

b Esta persona supervisa un equipo de trabajadores. ....

c Es un documento con información personal y profesional de una persona.

    ....

d Es una carta que se escribe y se manda con el ordenador. ....

e Esta persona trabaja en una clínica para animales. ....

f Por lo general, los pintores y escultores estudian esta carrera. ....

Reto

5 Completa las frases con las parejas de elementos del cuadro de vocabulario. Utiliza el ejemplo como modelo.

> carrera / maestro   carta / información   conversación / teléfono
> escribir / periódico   grupo / empresa   ~~pilotar / avión~~

a Un piloto es una persona ......que pilota un avión...... .

b Un departamento es ....

c Ciencias de la educación es ....

d Un periodista es ....

e Una llamada es ....

f Una carta de presentación es ....

6 Empareja las siguientes palabras o expresiones con otras que estén relacionadas, según el ejemplo. Utiliza un diccionario si lo necesitas.

> albañil   cobrar   currículo   desempleado   despedir   edificio
> estar en paro   ganar   idiomas   intérprete   perder un trabajo
> ~~salario~~   solicitar   ~~sueldo~~

sueldo – salario

Gramática

Base

1 Completa el cuadro con las formas de algunos verbos regulares e irregulares en **condicional**.

ser	mandar	obtener	estudiar	recibir	hacer
sería			estudiaría		haría
	mandarías		estudiarías		
sería		obtendría			
		obtendríamos		recibiríamos	
seríais					haríais
	mandarían			recibirían	

2 Escoge la forma en **presente de subjuntivo** de la lista, según el ejemplo.

a   hablaría, hablé, voy a hablar, (hable), he hablado, hablo
b   tengamos, vamos a tener, hemos tenido, tuvimos, tenemos
c   recibieron, reciben, reciban, van a recibir, recibirían, han recibido
d   trabajarías, trabajas, has trabajado, trabajaste, trabajes, vas a trabajar
e   va a ser, sería, sea, fue, ha sido, es

Práctica

3 Relaciona los elementos de la tabla y, en tu cuaderno, escribe frases de tres elementos, según el ejemplo.

Yo voy a estudiar historia.

~~Yo~~	vamos a trabajar	el mensaje de voz
Tú	~~voy a estudiar~~	con el jefe
Ana y tú	vais a escuchar	~~historia~~
Nosotros	va a escribir	en una compañía internacional
Mis colegas	vas a buscar	un puesto de trabajo
Mi madre	van a hablar	una nota a mi padre

4 Completa los textos con un verbo en **condicional**, según el ejemplo.

a A mí me ....encantaría.... (*encantar*) ser empresaria. Mi sueño .... (*ser*) dirigir una agencia de publicidad internacional donde .... (*trabajar*) muchas personas de países diferentes.

b En el futuro me .... (*gustar*) ser periodista. .... (*ser*) un periodista famoso de radio o televisión. Por mi trabajo, ... (*viajar*) por todo el mundo y .... (*hacer*) entrevistas a políticos, artistas y gente muy interesante.

5 Completa las frases con un verbo en pasado (**preterito** o **perfecto**). Utiliza el ejemplo como modelo.

a Manuel, ¿ ....has hablado.... (*hablar*) ya con tus padres sobre qué carrera vas a estudiar?

b Mi profesora me .... (*mandar*) un correo electrónico la semana pasada.

c Nosotros .... (*hacer*) voluntariado en el extranjero durante los estudios.

d Mis colegas .... (*recibir*) ayer una llamada importante.

e Tengo poca experiencia porque sólo .... (*trabajar*) en un supermercado.

f En 2015, mi padre .... (*encontrar*) un trabajo en Estados Unidos.

Reto

6 Completa la tabla con los comentarios de Marta en **estilo directo** y **estilo indirecto**.

Estilo directo	Estilo indirecto
'Mi padre trabaja en Francia.'	
	Marta dijo que había hablado con su jefe.
'En verano hice unas prácticas.'	
'El próximo año empezaré la carrera de Arquitectura.'	
	Marta dijo que le encantaría trabajar como bloguera.

7 Completa las frases usando el conector **porque** y una justificación lógica, según el ejemplo.

a Voy a estudiar derecho ....porque me gustaría ser abogada....... .

b Voy a hacer unas prácticas ....

c Mi amiga Samira quiere ser azafata ....

d Mi hermano quiere ganar mucho dinero ....

e Tengo un poco de experiencia profesional ....

f En 2006, empecé a estudiar francés ....

Destrezas

1 Vuelve a ver el vídeo de la presentación de esta unidad y responde en tu cuaderno a estas preguntas.

a ¿Cuál es el aspecto más interesante que has visto en el vídeo?

b ¿Hay algún aspecto del vídeo que no te parece tan interesante? ¿Por qué?

c ¿Cuántas palabras de las que estudiaste en esta unidad se mencionan en el vídeo?

d Escribe una lista de palabras nuevas que has aprendido durante esta unidad.

e ¿Qué profesiones se nombran y aparecen en el vídeo?

f ¿Sabes ya si vas a estudiar una carrera? ¿Cuál?

g ¿Qué es para ti lo más importante para encontrar un trabajo?

2 Lee este texto de presentación sobre Claire y su hermana y contesta a las preguntas en tu cuaderno. No necesitas escribir frases completas.

> Me llamo Claire Chavrel, soy francesa y estoy en la última clase del instituto. El año que viene, me gustaría ir a la universidad y estudiar derecho internacional. Hablo muy bien francés, inglés y español.
>
> Hablo tres lenguas porque yo creo que los idiomas son la clave para poder viajar y entender a la gente. Por ejemplo, el año pasado hice unas prácticas en el despacho de una abogada, amiga de mi madre, y hablé mucho en inglés y francés por teléfono durante las dos semanas que trabajé en su despacho. La verdad es que me encantó la experiencia y creo que me encantaría trabajar de abogada en el futuro.
>
> Mi hermana Louise, estudia cuarto de medicina y hace dos años trabajó en Chile como médica en prácticas en un hospital de Santiago. Aunque la experiencia fue muy motivadora y valiosa, ella no habla español tan bien como yo, y tuvo algunos problemas de comunicación con algunos colegas y pacientes.
>
> Para mí, el trabajo es un tema muy importante y ahora mismo, para ganar un poco de dinero extra, estoy trabajando en una cafetería. El ambiente de la cafetería también es muy internacional y uso todas las lenguas que hablo. Y luego, con todo el dinero que gane, voy a hacer un viaje por Asia y voy a sacar fotos para mi blog.

a ¿Qué planes tiene Claire después de sus estudios en el instituto?
b ¿Qué piensa Claire sobre los idiomas?
c ¿Qué experiencia profesional tienen Claire y su hermana?
d ¿Cuál fue el problema que tuvo la hermana de Claire en Chile?
e ¿Dónde trabaja Claire actualmente?
f ¿Qué planes tiene con el dinero que va a ganar?

3 Mira las fotos. Escoge una profesión y escribe respuestas a las siguientes preguntas en tu cuaderno:

- ¿Qué profesión tiene esta persona?
- ¿Crees que ha estudiado alguna carrera?
- ¿Cómo te imaginas sus rutinas diarias?
- ¿Crees que le gusta su trabajo?
- ¿Te gustaría tener esa profesión? ¿Por qué?

4 En tu cuaderno, escribe un correo electrónico formal (180–200 palabras) a una colega de tu madre, solicitando el puesto de profesor/a particular para su hija Clara de 10 años. En el correo puedes mencionar los siguientes puntos:

- Saluda a la madre de manera apropiada.
- Haz una presentación sobre ti.
- Explica en qué podrías ayudar a su hija.
- Explica por qué podrías ser la persona ideal.
- Pregunta sobre las condiciones (días, horario, salario, etc.)
- Despídete de forma apropiada.

Unidad 15
Cultura, costumbres y celebraciones

Vocabulario

Base

1   Escribe una palabra que asocies con cada celebración.

| ~~cena~~ desfiles flores luces pesebre regalos tomates uvas |

a   la Nochebuena ......cena......
b   los Reyes Magos ....
c   la Nochevieja ....
d   el Belén ....
e   los fuegos artificiales ....
f   la fiesta nacional ....
g   el Día de Todos los Santos ....
h   la Tomatina ....

2 Completa las frases con la palabra adecuada del cuadro de vocabulario.
No necesitas utilizar todas las palabras.

> El bautizo   El campanario   El creyente   La fe   La misa
> La religión   El santo   El sacerdote   El templo

a .... incluye costumbres, rituales y creencias que practican muchas personas en el mundo.

b .... es un edificio sagrado donde la gente se reúne para rezar, como por ejemplo una iglesia o una mezquita.

c .... es la creencia en algo espiritual o divino.

d .... es alguien que sigue una doctrina religiosa.

e .... es una ceremonia que marca la entrada de una persona a una comunidad religiosa.

Práctica

3 Empareja cada definición con una palabra o frase del cuadro de vocabulario, según el ejemplo. No necesitas utilizar todas las palabras.

> el Año Nuevo   la boda   la ceremonia   la costumbre
> ~~el cumpleaños~~   la misa   la Navidad   el portal de Belén
> las velas   ocasión especial   la reunión familiar

a ocasión especial en el que se celebra el aniversario del nacimiento de una persona *el cumpleaños*

b ceremonia que marca la unión de dos personas en matrimonio

....

c práctica o tradición que se realiza en una comunidad ....

d representación de la escena del nacimiento de Jesús ....

e celebración que marca el comienzo de un nuevo año ....

f encuentro de miembros de una familia para compartir tiempo juntos

....

g objetos de cera que se encienden, generalmente con fuego, y se usan en celebraciones ....

Reto

4 Completa el diálogo usando todas las palabras del cuadro de vocabulario.

> azúcar   la calabaza   especialidad   increíble   el maíz
> las natillas   ~~los pinchos~~   tapas   la tarta

Salvador: ¡Hola Chiara! ¿Probaste ...los pinchos... que preparó mi abuela?

Chiara: ¡Sí! Estaban riquísimos. Me encanta comer .... como estas, con carne con palillos.

Salvador: Es su .... También preparó .... rellena de carne y papas.

Chiara: ¡Me encantó! ¿Y esa cosa morada que serviste al final con el asado?

Salvador: Ah, ... morado. Es muy típico en Perú.

Chiara: ¡Buenísimo!

Salvador: También preparó .... para el postre, con canela y .... ¿Te gustaron?

Chiara: ¡Sí! Se parecen al flan que hace mi madre. Es crema catalana, ¿verdad?

Salvador: Sí, típica de allí. Y no podía faltar .... , es tradición en los cumpleaños de mi familia.

Chiara: ¡Claro! Estaba buenísima. ¡Gracias por invitarme, Salvador! Todo estuvo ....

Gramática

Base

1 Completa las frases con la forma correcta del **imperfecto de subjuntivo**.

   a Sería genial que en el Carnaval de Barranquilla todos los alumnos .... (*llevar*) disfraces coloridos.

   b Si los niños .... (*recibir*) más regalos en la fiesta de Reyes, estarían encantados.

   c Me encantaría que no .... (*hacer*) tanto calor durante la Fiesta del Sol en Perú.

   d Ojalá que más países .... (*celebrar*) el Día de los Muertos como en México.

   e Si .... (*venir*) a mi pueblo en fiestas, probarías los mejores platos de la región.

2 Completa las frases con el **pronombre relativo** correcto.

   a La fiesta popular .... se celebra en mi pueblo atrae a muchos turistas.

   b Aquel es el artesano de .... todos hablan. Crea las figuras para las Fallas de Valencia.

   c El festival .... actuaciones musicales duran toda la noche es muy famoso.

   d ¿Ves las luces del festival? Este es el motivo por el .... celebramos esta fiesta cada primavera.

   e La chica con .... fui a la boda es mi novia.

Práctica

3 Transforma estas frases simples en frases complejas utilizando **subordinadas sustantivas** según la función indicada.

   a Su llegada tardía → Todos lamentaron que ......*llegara*...... tarde a la fiesta.

   b La cancelación del evento → .... decepcionó a muchos.

   c El nuevo horario del concierto → Se acostumbraron a .... más temprano.

   d La victoria del equipo → Nadie esperaba .... el campeonato de la Fiesta del Fuego.

   e El tiempo lluvioso → .... arruinó nuestros planes para el Carnaval.

4 Ordena los elementos para escribir frases completas en tu cuaderno. Utiliza el ejemplo como modelo.

- **a** se agotaban / en / Los / pasteles / panadería / muy / vendían / que / rápidamente / la

  Los pasteles que se vendían en la panadería se agotaban muy rápidamente.

- **b** y / La / fue / gente / que / éxito / organizó / la / fiesta / mi / madre / mucho / disfrutó / un

- **c** en / el / postre / La / se / cosecharon / que / en / naranja / el / huerto / la / de / abuela / utilizó / la

- **d** que / de / es / la / usa / cacao / bebida / se / mejor / la / calidad / en / El

- **e** se / con / se / ingredientes / tacos / La / que / salsa / sirve / frescos / en / los / picante / elabora

- **f** La / padre / estaba / que / tarta / preparó / mesa / de / cumpleaños / mi / en / la

Reto

5 Lee las siguientes oraciones relacionadas con la organización de una fiesta y completa los espacios en blanco con la preposición correcta: **por** o **para**.

- **a** Compré este regalo .... mi hermana. ¡Le va a encantar!
- **b** Vamos a decorar la casa .... el cumpleaños de Tomás.
- **c** ¿Puedes pasar .... la panadería y comprar una tarta?
- **d** Este pastel es .... ti. Sé que el chocolate es tu favorito.
- **e** Gracias .... ayudarme con los globos.
- **f** Organizamos una fiesta sorpresa .... nuestra mejor amiga.

6 Completa cada oración con una oración subordinada sustantiva, conjugando los tiempos correctos. Utiliza el ejemplo como modelo y las ideas del cuadro de vocabulario para ayudarte.

| ayudar a preparar   celebrar   deber organizar   ~~estar contento~~ |
| llegar a tiempo   querer   venir a mi casa |

- **a** Me gusta que todos _estén contentos durante la fiesta_.
- **b** No entiendo que no ....
- **c** Me alegra que ....
- **d** Me molesta que nadie ....
- **e** Me preocupa que no ....

Destrezas

1 Vuelve a ver el vídeo de la presentación de esta unidad y responde en tu cuaderno a estas preguntas.

   a ¿Cuál es el aspecto más interesante que has visto en el vídeo?

   b ¿Hay algún aspecto del vídeo que no te parece tan interesante? ¿Por qué?

   c ¿Cuántas palabras de las que estudiaste en esta unidad se mencionan en el vídeo?

   d Escribe una lista de palabras nuevas que has aprendido durante esta unidad.

   e ¿Cómo describirías los tipos de fiestas que se mencionan en el vídeo? ¿Algunos te resultaron especialmente curiosos?

   f ¿Crees que las fiestas y las tradiciones son positivas para los jóvenes de hoy? ¿En qué sentido?

2 Lee el texto y contesta a las siguientes preguntas. Intenta escribir frases completas.

La quinceañera (México y otros países de América Latina)

A los 15 años, muchas chicas celebran este día con un gran evento. El ambiente es elegante, con música en vivo, vestidos brillantes y una comida especial. Durante la celebración, se puede ver a las personas emocionarse al ver a la quinceañera bailar con su familia.

Día de los Muertos (México)

En esta fecha tan especial, las familias se unen para recordar a sus seres queridos que han fallecido. Aunque es una celebración relacionada con la muerte, el ambiente está lleno de color, amor y respeto. Se preparan altares decorados, se toca música tradicional, se come pan de muerto y todos participan en un desfile con calaveras y flores.

Fiestas del Fuego (Santiago de Cuba)

Esta celebración cubana tiene lugar en julio y es famosa por sus desfiles llenos de ritmo. Se toca música afrocubana por todas partes, las personas bailan en las calles y el ambiente es muy vibrante. Al final, se quema un diablo simbólico para atraer la suerte y dejar atrás lo malo.

Día de Todos los Santos (Guatemala)

Cuando llega el Día de Todos los Santos, las familias construyen enormes cometas porque creen que estas ayudan a comunicarse con sus seres queridos fallecidos. Esta tradición, que se mantiene desde hace siglos, llena el cielo de coloridos diseños.

La Vendimia (Argentina y Chile)

La Vendimia, que marca el inicio de la cosecha de uvas en Argentina y Chile, incluye festivales donde se elige una reina que representa la abundancia. Los viñateros celebran su trabajo mientras los visitantes prueban los vinos que producen estas regiones.

Todas estas fiestas son un reflejo de la riqueza cultural de sus regiones, ya que combinan tradición con celebraciones y atraen tanto a la gente de sus respectivas regiones como a turistas.

15 Cultura, costumbres y celebraciones

a ¿Qué elementos hacen que la celebración de la quinceañera sea un evento elegante y especial?
....

b ¿Por qué el Día de los Muertos se considera una celebración llena de color?
....

c ¿Qué significado tiene 'quemar al diablo simbólico' durante las Fiestas del Fuego?
....

d ¿Qué tienen en común el Día de los Muertos y las Fiestas del Fuego en cuanto a la música y los desfiles?
....

e ¿Por qué las familias guatemaltecas construyen cometas cuando llega el Día de Todos los Santos?
....

f ¿Qué figura especial se elige durante los festivales de La Vendimia?
....

g ¿Qué tienen en común todas estas celebraciones?
....

3 Escribe un texto de 80–100 palabras sobre una fiesta o tradición que te guste mucho. Puedes incluir detalles sobre cómo se celebra, qué elementos son importantes y por qué te parece especial. Responde a las siguientes preguntas:

- ¿Cuál es el nombre de la fiesta o tradición que eliges?
- ¿Qué actividades o costumbres se realizan durante esta celebración?
- ¿Por qué crees que esta fiesta o tradición es importante para la comunidad o para ti?

....
....
....
....
....

4 En tu cuaderno, escribe un texto de 120–140 palabras en el que respondas a las siguientes preguntas:

- ¿Cuál es la costumbre o creencia que más te interesa de tu país?
- ¿Cómo se practica o en qué consiste?
- ¿Qué diferencias o similitudes tiene con la del otro país?
- ¿Qué opinas sobre esa costumbre? ¿Te parece curiosa, útil, extraña, interesante?

Unidad 16
El mundo internacional

Vocabulario

Base

1 Encuentra las ocho palabras relacionadas con la economía.
   Utiliza el ejemplo como modelo.

2 Empareja cada definición con una palabra del cuadro de vocabulario.

| el crecimiento   los idiomas   la lengua materna |
| el mercado global   el multiculturalismo |

a expansión económica o desarrollo de una región, empresa o sociedad
   ....

b sistema de comunicación verbal humana ....

c diversidad de culturas que conviven en un mismo lugar ....

d idioma que se aprende desde la infancia, generalmente en el entorno familiar
   ....

e conjunto de intercambios comerciales entre países del mundo
   ....

Práctica

3 Elige la opción correcta para completar cada frase.
Escribe las frases completas en tu cuaderno.

   a Cuando una empresa de otro país contribuye capital para proyectos locales, se llama ……inversión extranjera…… .

   - i   cooperación internacional
   - ii inversión extranjera
   - iii desarrollo sostenible
   - iv nueva economía

   b Cuando una persona vive en un lugar diferente al de su nacimiento, ese lugar es …………………… .

   - i   la nacionalidad
   - ii la nueva economía
   - iii el país de residencia
   - iv la inversión extranjera

   c Cuando los países trabajan juntos para resolver problemas globales, hablamos de …………………… .

   - i   desarrollo sostenible
   - ii la nueva economía
   - iii la nacionalidad
   - iv cooperación internacional

   d El respeto por el medio ambiente y el uso responsable de los recursos se promueven con …………………… .

   - i   la nacionalidad
   - ii el desarrollo sostenible
   - iii el país de residencia
   - iv la ciudadanía digital

   e El conjunto de innovaciones tecnológicas y modelos de negocio digitales forma parte de …………………… .

   - i   la nueva economía
   - ii el idioma
   - iii la nacionalidad
   - iv el país de residencia

   f El vínculo legal que una persona tiene con un país por nacimiento o naturalización se llama …………………… .

   - i   la inversión extranjera
   - ii la nueva economía
   - iii la nacionalidad
   - iv el desarrollo sostenible

4 Completa las frases con la palabra adecuada del cuadro de vocabulario, según el ejemplo.

> ~~África~~   la Antártica   Asia   Ártico
> Europa   Norteamérica   Oceanía

a El desierto del Sahara, el más grande del mundo, se encuentra en ....África.... .

b En ...., los pingüinos son una de las pocas especies que habitan el continente de forma natural.

c Japón, China e India son países que forman parte de ....

d Australia y Nueva Zelanda son dos países pertenecientes a ....

e En el ...., las temperaturas extremas y el hielo hacen muy difícil la vida humana permanente.

f Francia, España e Italia son países del continente llamado ....

g El continente Americano se divide en ...., Centroamérica y Sudamérica.

Reto

5 Completa el diálogo usando todas las palabras del cuadro de vocabulario. Utiliza el ejemplo como modelo.

> Australasia   ~~ciudadanía digital~~   continente   digitalmente
> frontera   isla   el mapa   la región   país

Duna: Estoy preparando una presentación sobre geografía y ....ciudadanía digital...., y la importancia de entender cómo se conectan los temas.

Nilo: ¿En serio? ¿Cómo relacionas la geografía con eso?

Duna: Bueno, en .... de ...., la conexión a Internet no es igual en todos los lugares. Depende mucho de si estás en una ...., en una parte de una península, o en un lugar más central del ...., en el desierto de Australia.

Nilo: ¡Interesante! ¿Y cómo lo explicas en la presentación?

Duna: Empiezo mostrando .... para ver dónde se sitúa cada .... Luego, hablo de cómo las conexiones a veces están limitadas por la geografía, como un .... que separa dos zonas o una .... entre dos países que impide compartir infraestructura tecnológica.

Nilo: ¿Y crees que la gente de esas zonas entiende bien su rol como ciudadanos digitales?

Duna: Justo de eso se trata. La idea es que todos podamos participar activamente y con responsabilidad como parte de la ciudadanía digital para entender cómo comunicarnos ....

Gramática

Base

1 Pon los siguientes verbos en la forma correcta del **presente de subjuntivo**, según el ejemplo.

a aprender (nosotros) _aprendamos_

b reducir (la pobreza) ....

c conseguir (nosotros) ....

d comprender (tú) ....

e crecer (la economía) ....

f mentir (ellos) ....

g cambiar (los políticos) ....

h mejorar (la situación) ....

2 Completa las frases con la forma correcta del **condicional compuesto**. Utiliza el ejemplo como modelo.

a Es probable que con más inversión, la economía _habría crecido_ más. (*crecer*)

b Nosotros .... por Asia, pero está muy lejos. (*viajar*)

c Marta y Luís .... a Australasia pero no fue posible. (*emigrar*)

d Este proyecto no .... posible sin la ayuda de muchas personas. (*ser*)

e Yo .... el mapa para uno más grande, pero no quedaban en la tienda. (*cambiar*)

f .... a Bruselas pero no tenías suficiente dinero. (*ir*)

Práctica

3 Lee las siguientes frases y tacha la forma verbal incorrecta.

   a Ojalá el mundo (~~es~~ / sea) más globalizado en el futuro.

   b No creo que la riqueza (está / esté) bien distribuida en el mundo.

   c Creo que mi país no (es / sea) muy globalizado.

   d Quiero que (hay / haya) menos desempleo en el futuro.

   e Mis amigos (quieren / quieran) vivir en otro continente en el futuro.

   f El gobierno (debe / deba) reducir la pobreza en esa zona.

4 En tu cuaderno, escribe de nuevo las siguientes frases utilizando las expresiones indicadas y **el presente de subjuntivo**. Utiliza el ejemplo como modelo.

   a La inmigración ilegal es un problema en mi país.
      No creo que la inmigración ilegal sea un problema en mi país.

   b La prosperidad económica es importante para el futuro. No creo que . . .

   c El desarrollo sostenible recibe poca atención. Es posible que . . .

   d El número de gente desempleada descenderá en el futuro. Ojalá . . .

   e Los bosques no desaparecerán. Espero que . . .

   f El progreso ocurre en todos los continentes. No pienso que . . .

   g La sociedad de la información preocupa a los políticos. Dudo que . . .

Reto

5 Escribe una frase con cada grupo de palabras en tu cuaderno. Utiliza por lo menos un verbo **en presente de subjuntivo** en cada frase, según el ejemplo.

   a progreso / desarrollo / desempleo
      Es fundamental que el progreso y el desarrollo generen nuevas oportunidades para que se reduzca el desempleo en el país.

   b importante / sociedad / nacionalidad   d gente / bosque / frontera

   c comercio / gente / economía   e país / rico / reducir

6 Completa el siguiente texto con los verbos del cuadro en la forma correcta del **subjuntivo**, según el modelo.

| ayudar | ~~entender~~ | perder | proteger | ser | soler | trabajar |

Es importante que la gente ......*entienda*...... las diferencias entre regiones y fronteras.
No creo que mucha gente en Europa .... viajar a otros continentes
y .... consciente de los problemas de otros países lejanos. Ojalá todos
.... juntos para que todo el mundo se .... También
es importante que .... las culturas tradicionales para que no se
....

16 El mundo internacional

Destrezas

 1   Vuelve a ver el vídeo de la presentación de esta unidad y responde en tu cuaderno a estas preguntas.

   a   ¿Cuál es el aspecto más interesante que has visto en el vídeo?
   b   ¿Hay algún aspecto del vídeo que no te parece tan interesante? ¿Por qué?
   c   ¿Cuántas palabras de las que estudiaste en esta unidad se mencionan en el vídeo?
   d   Escribe una lista de palabras nuevas que has aprendido durante esta unidad.
   e   ¿Cómo describirías los lugares que se mencionan en el vídeo? ¿Alguno te resultó especialmente curioso?
   f   ¿Cómo crees que el mundo globalizado está cambiando los hábitos de los jóvenes? ¿Puedes dar algún ejemplo del vídeo?

2   Completa el texto con las palabras del cuadro de vocabulario, según el ejemplo.

> los bosques   el comercio   los derechos humanos
> las empresas   la globalización   los organismos   las reglas
> la sociedad de la información

Hoy en día, ...los bosques.... se ven amenazados por diversas actividades humanas. Mientras algunas personas se preocupan por ...., otras se centran en las consecuencias de su impacto en el medioambiente. Sin embargo, muchas veces estas actividades están impulsadas por .... internacional, que buscan maximizar sus beneficios a nivel mundial.

Al mismo tiempo, la globalización ha transformado ...., trayendo consigo una mayor interconexión entre países. .... internacionales juegan un papel crucial, ya que operan en múltiples países y, en muchos casos, influyen en las decisiones políticas y económicas de los gobiernos.

De esta manera, ... internacionales tienen la responsabilidad de regular el comercio para preservar el medioambiente y así promover el respeto a ...., con el fin de garantizar que las personas disfruten de condiciones de vida dignas. .... para lograr un mundo mejor son para todos y debemos respetarlas.

3 Lee el siguiente artículo y contesta a las preguntas. No necesitas escribir frases completas.

¿Qué les preocupa a los jóvenes?

Los jóvenes de hoy se preocupan por varios problemas globales ya que estos afectan su futuro. Uno de los temas más graves para ellos es la globalización. Aunque pueda traer avances en tecnología y comercio, también causa el cierre de negocios en algunas áreas, lo cual aumenta el desempleo. Muchos jóvenes creen que, debido a la globalización, las empresas se muden a países con menores costos laborales, dejando sin trabajo a las personas de sus países.

Otro tema que preocupa a los jóvenes es la economía global. Las crisis económicas afectan a todos, y muchos piensan que, a pesar de sus estudios, no podrán encontrar un buen trabajo en el futuro. La falta de oportunidades laborales está directamente relacionada con la desigualdad económica, un problema que cada vez es peor. Los jóvenes ven cómo las diferencias entre ricos y pobres crecen, y esto les preocupa.

Es esencial que los gobiernos tomen medidas para mejorar estas situaciones. Los jóvenes desean un mundo con menos desigualdad y más oportunidades para todos.

a ¿Por qué se preocupan los jóvenes por los problemas globales? ....
....

b ¿Qué beneficios puede tener la globalización? ....

c ¿Qué efectos malos puede tener la globalización? ....
....

d ¿Qué hace que sea más difícil para los jóvenes encontrar un buen trabajo en el futuro?
....

e ¿Cuál es la situación de la desigualdad económica? ....

4 ¿Dónde te imaginas en el futuro? Escribe un mensaje para tu amigo/a.
Escribe 40–50 palabras y menciona los siguientes puntos:

- ¿Qué regiones, países o continentes del mundo te gustaría visitar?
- ¿Qué países has visitado ya?
- ¿Dónde te gustaría vivir en el futuro?

5 ¿Basándote en el artículo sobre la globalización de la actividad 3, escribe otro similar con tu opinión. Intenta utilizar algunos verbos en presente de subjuntivo.
Escribe 120–140 palabras y menciona los siguientes puntos:

- Problemas globales que te preocupan más
- Situación general del mundo
- Cosas que deberían hacer los políticos para mejorar la situación

Unidades 13–16
Repaso

1 Utiliza las pistas en el cuadro de vocabulario para buscar las 15 palabras en la sopa de letras.

Parte de una casa donde puedes salir a tomar aire
Máquina que sube y baja entre los pisos de un edificio
Edificio donde la gente va a rezar o asistir a misa
Construcción que conecta dos orillas de un río
Hierba corta y verde en parques o jardines
Tiempo cuando las tiendas venden cosas más baratas
Carretera muy grande para coches rápidos
Lugar donde puedes leer o pedir libros prestados

Montaña pequeña
Lugar para dejar el coche
Lugar donde se arreglan coches
Lugar para sacar dinero
Lugar donde se juntan dos calles
Parte de arriba de una habitación
Lugar donde no hay sol

2 Completa las frases con las palabras del cuadro de vocabulario, según el ejemplo. No necesitas utilizar todas las palabras.

> conocimiento   desigualdad   desempleo   emigrar
> comercio   gobierno   inmigrar   ~~pobreza~~   progreso
> prosperidad   riqueza   sociedad

a Cuando hay mucha ......pobreza......, algunas familias no pueden cubrir sus necesidades básicas.

b El país vive un momento de .... económico: se crean más empleos y hay nuevas empresas.

c Muchas personas deciden .... a otros países para buscar mejores oportunidades.

d La .... entre personas ricas y pobres puede causar problemas sociales.

e En algunos lugares, la falta de trabajo genera altos niveles de ....

f Hay quienes deciden .... porque en su país no encuentran buenas condiciones de vida.

g La .... de un país se refleja cuando hay buenos servicios, educación y salud pública para todos.

h No toda la .... se reparte de manera justa entre la población.

3 Pon las siguientes frases en el orden correcto en tu cuaderno. Utiliza el ejemplo como modelo.

a campo. / vivir / mí / A / hermana / el / encanta / en / nos / mi / a / y
   A mi hermana y a mí nos encanta vivir en el campo.

b pero / no / nada / Me / salir / a / gusta / arreglarlo. / jugar / al / me / jardín / gusta /

c hay / En / no / vegetales / animales. / se / esta / pero / granja / cultivan / muchos

d hay / barrio / carreteras / pero / ninguna / locales / no / autopista. / hay / muchas / En / nuestro

e me / queda / ropa / voy / que / nada / así / compré / bien / que / no / La / devolverla. / a

f Si / quiero / hace / de / falta / me / compra. / la / compré / cambiar / recibo / camisa / que / el /

13–16 Repaso

4 Relaciona las dos partes de las frases y escríbelas en tu cuaderno. Utiliza el ejemplo como modelo.

En el año 2007 mis padres trabajaron en Estados Unidos.

- a En el año 2007 mis padres . . .
- b La semana pasada yo . . .
- c Mi hermana no tiene experiencia . . .
- d Mi madre habla muy bien inglés y . . .
- e Desde hace una semana yo . . .
- f Hace dos años mi hermana . . .

- i terminó sus estudios de Medicina.
- ii trabajaron en Estados Unidos.
- iii estoy haciendo un voluntariado en un colegio.
- iv porque nunca ha trabajado.
- v solicité un puesto de trabajo en prácticas.
- vi ha trabajado como recepcionista en un hotel.

5 En tu cuaderno, copia la tabla. Escribe las formas del **presente de subjuntivo** de los cinco verbos en el orden correcto. Utiliza el ejemplo como modelo.

	hablar	escribir	hacer	ir	ser
yo	~~hables~~ hable	escriban	hagamos	vayáis	sea
tú	hablen	escriba	haga	vayamos	seas
él/ella/usted	hablemos	escribas	haga	vayas	seamos
nosotros/as	hable	escribamos	hagan	vaya	sea
vosotros/as	habléis	escriba	hagáis	vaya	seáis
ellos/as/ustedes	hable	escribáis	haga	vayan	sean

6 Rellena los huecos de las siguientes frases utilizando la forma correcta de los verbos del cuadro en **presente de subjuntivo**. Utiliza el ejemplo como modelo.

aprender   cambiar   cooperar   emigrar   haber   ~~ser~~   vivir

- a Cuando ......sea...... mayor quiero conocer todos los continentes del mundo.
- b Muchos de mis amigos quizás .... en otro país en el futuro.
- c Mis padres quieren que .... otro idioma pero no tengo tiempo.
- d No creo que .... a otro país porque me encanta vivir aquí.
- e Mucha gente dice que es posible que muchas fronteras .... en el futuro.
- f Ojalá los países del mundo .... más para que no .... pobreza en el mundo.

Unidades 13–16
Rincón práctico

1. Lee el siguiente artículo sobre los cambios en un pueblo y contesta a las preguntas en tu cuaderno. No necesitas escribir frases completas.

> **Un pueblo casi olvidado**
>
> Hace veinte años, el pueblo de Monteclaro estaba casi abandonado. Muchas personas se habían mudado a la ciudad porque no había trabajo. La fábrica local había cerrado, y el teatro dejó de funcionar. Muchas casas y calles estaban vacías. Solo quedaban algunas familias que seguían viviendo allí, trabajando en la granja o intentando cultivar verduras.
>
> Pero todo cambió hace cinco años. Una nueva carretera conectó el pueblo con el aeropuerto más cercano, y llegaron nuevas oportunidades. Un grupo de jóvenes empezó a plantar árboles y flores en los espacios vacíos. La gente comenzó a notar la tranquilidad del pueblo. No era como la ciudad, que es muy ruidosa. En Monteclaro se podía respirar aire limpio y dormir sin escuchar el ruido de los coches.
>
> Poco a poco, llegaron nuevos habitantes. Muchos compraron casas antiguas y las renovaron. Algunas eran modernas y otras de estilo tradicional con bonitos balcones con vistas al campo. También se volvió a abrir el teatro, y ahora hay espectáculos cada mes. Algunos decidieron abrir cafés o pequeñas tiendas.
>
> Hoy en día, Monteclaro es un lugar muy popular. Aunque no es una ciudad, se ha edificado mucho en los últimos años. Ahora hay una escuela, una pequeña clínica y muchas actividades para los jóvenes. La gente viene porque quiere una vida más relajada, cerca de la naturaleza. Lo que antes era un lugar olvidado, hoy es el sueño de muchos.

   a ¿Hace veinte años, por qué se había ido mucha gente de Monteclaro?
   b ¿Cuál eran las únicas oportunidades laborales en Monteclaro en esa época?
   c ¿Qué hizo que Monteclaro fuera más accesible?
   d ¿Qué atrajo a mucha gente al principio?
   e ¿Cuáles eran las dos mayores diferencias entre Monteclaro y la ciudad?
   f ¿Qué oportunidades de ocio hay en el pueblo?
   g ¿Qué ventajas tiene vivir ahora en Monteclaro?

2. En tu cuaderno, escribe un blog para la revista digital de tu instituto explicando una tradición típica de un país hispanohablante (80–100 palabras). Menciona:
   - ¿Qué actividades se hacen en esta tradición? ¿Son divertidas o interesantes?
   - ¿Qué comida se come? ¿Hay algún plato típico que puedas destacar?
   - ¿Cómo se visten las personas? ¿Llevan trajes o colores especiales?
   - ¿Por qué es importante esta tradición para las personas que la celebran?

3 Escucha un pódcast sobre el futuro laboral de los jóvenes en un mundo globalizado. Escoge la opción correcta para cada pregunta.

    a ¿Cuál es uno de los requisitos esenciales para los jóvenes hoy en día?

        i aprender varios idiomas
        ii viajar a muchos países
        iii crear su propia empresa   ....

    b ¿Qué tecnologías se mencionan como imprescindibles para el futuro laboral?

        i la robótica y el transporte
        ii la inteligencia artificial y la digitalización
        iii la biotecnología y la medicina   ....

    c ¿Cuál es el papel de la cooperación internacional según el pódcast?

        i facilitar el intercambio de productos
        ii luchar contra la desigualdad
        iii aumentar la competencia entre empresas   ....

    d ¿Qué buscan las empresas en los nuevos profesionales?

        i personas con habilidades artísticas
        ii personas que trabajen de forma individual
        iii personas comprometidas con el impacto social y ambiental   ....

    e ¿Qué principios deben seguir las decisiones empresariales según el pódcast?

        i principios de desarrollo sostenible
        ii principios de eficiencia económica
        iii principios de expansión comercial   ....

    f ¿Qué ofrecen los organismos internacionales a los jóvenes?

        i formación en universidades locales
        ii oportunidades de participar en proyectos globales
        iii acceso a becas de estudios en su propio país   ....

4 Vas a oír unos mensajes de audio entre Juan y su amigo Málik, que están en el centro comercial. Contesta a las preguntas en tu cuaderno. No necesitas escribir frases completas.

    a ¿Dónde está Juan? Menciona **dos** detallles.
    b ¿Qué cosas le faltan a Juan?
    c ¿Por qué está Málik en la segunda planta?
    d ¿Por qué tiene miedo Málik de que las zapatillas se acaben?
    e ¿Por qué Juan no puede comprar las cosas que quiere aún?
    f ¿Qué tiene que hacer Málik antes de bajar?
    g ¿Por qué piensa Málik que no le hace falta el recibo?

5   Lee los textos (a–f) y la lista de fiestas tradicionales hispanas (i–vi). ¿Cuál es la mejor fiesta para cada persona? Para cada texto, escribe la letra correcta en la línea.

a	Carlos es alegre y extrovertido, le encanta reunirse con amigos y familia. Disfruta de las festividades llenas de música, baile y color. Siempre está buscando fiestas divertidas y con mucho ambiente.	....
b	Ana es reflexiva y disfruta de las tradiciones que tienen un profundo significado cultural y espiritual. Le atraen las festividades que implican homenajes y celebraciones solemnes.	....
c	Luis es una persona llena de energía y disfruta estar en el centro de la acción. Siente una gran pasión por los eventos del sur de España, especialmente por los de Andalucía, debido a su rica herencia y tradiciones.	....
d	Tamara espera las fiestas de finales de diciembre, no solo por su significado religioso, sino también para estar con su familia y amigos.	....
e	Jorge es curioso; le interesa conocer más sobre su historia y cultura. Disfruta de las festividades que celebran los valores patrios de su país.	....
f	Amparo es familiar y le gusta celebrar momentos íntimos con sus seres queridos. Se siente conectada con las tradiciones que giran en torno a la familia y las celebraciones más personales.	....

   i   el Día de los Muertos, la Semana Santa
   ii   el Carnaval, la Tomatina, las Fallas
   iii las celebraciones de Año Nuevo, la Navidad
   iv   el Día de la Madre, el Día del Padre, los cumpleaños
   v   la Feria de Abril, las corridas de toros
   vi   el Día de la Independencia, las fiestas nacionales

6   Practica el siguiente cuestionario sobre diferentes temas con tu compañero/a. Uno de vosotros hace las preguntas y el otro responde. Hacedlo dos veces cambiando los roles.

Cuestionario sobre tu vida

Q1 ¿Te gusta el lugar donde vives? ¿Por qué?

Q2 ¿Prefieres vivir en la ciudad o en el campo? ¿Por qué?

Q3 ¿Te gusta ir de compras?

Q4 ¿Qué fue la última cosa que compraste? ¿Dónde la compraste?

Q5 ¿Qué profesión tienen tus padres?

Q6 ¿Qué te gustaría estudiar cuando acabes los estudios del instituto?

Q7 ¿Tienes alguna experiencia profesional? ¿Dónde?

7 Lee esta carta de presentación y marca la opción correcta.

Buenos Aires, 29 de mayo de 2025

Estimados señores:

Mi nombre es María Luisa y tengo 18 años. Mis aficiones son el deporte y la música. Juego al fútbol en un equipo femenino y canto en el coro de mi instituto.

En cuanto a mis cualidades positivas, hablo inglés muy bien y me considero una persona muy sociable y comunicativa. También me encanta viajar. El año pasado trabajé en Marruecos como voluntaria en una organización juvenil que enseña a leer a personas mayores.

De acuerdo con las normas del instituto donde estudio, los estudiantes podemos realizar prácticas en empresas con el fin de enriquecer nuestra formación y, al mismo tiempo, descubrir de primera mano el mundo del trabajo.

Por esta razón les escribo esta carta y para solicitar un período de prácticas durante los meses de julio y agosto en su agencia de viajes.

Para cualquier pregunta, pueden llamarme al 2675439 o escribirme a la dirección de correo electrónico malu@gmail.es

Atentamente,

María Luisa Rico

a A María Luisa le gusta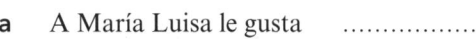
  i la música y los viajes.
  ii trabajar con niños.
  iii jugar al tenis.

b En 2024 María Luisa ....
  i viajó a Francia.
  ii estuvo en Marruecos.
  iii terminó los estudios.

c María Luisa tiene un poco de experiencia laboral porque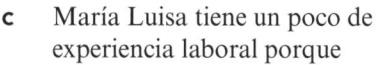
  i trabajó en un hotel.
  ii hizo unas prácticas.
  iii participó en un voluntariado.

d A María Luisa le gustaría ....
  i solicitar unas prácticas en verano.
  ii participar en un voluntariado.
  iii trabajar en una agencia de viajes en junio.

8 Acabas de mudarte de casa al campo. En tu cuaderno, escribe un blog para jóvenes de tu edad. Escribe 130–140 palabras. Menciona:

- cómo era tu vida antes en una gran ciudad
- por qué te mudaste a un pueblo
- por qué es mejor la vida en el pueblo
- dónde vas a vivir en el futuro y por qué.

CONSEJO

Escribe un párrafo distinto para cada viñeta. Así conseguirás que tu respuesta sea equilibrada y tenga una estructura clara.

> Acknowledgements

The authors and publishers acknowledge the following sources of copyright material and are grateful for the permissions granted. While every effort has been made, it has not always been possible to identify the sources of all the material used, or to trace all copyright holders. If any omissions are brought to our notice, we will be happy to include the appropriate acknowledgements on reprinting.

Thanks to the following for permission to reproduce images:

Cover Nils Hastrup/500px/Getty Images For our cover image we have chosen the toucan, which is native to the tropical forests of Central and South America, to represent the vibrancy and colourfulness of Spanish-speaking countries.

Welcome unit Mikroman6/GI; RuthBlack/GI; Mikroman6/GI; **Unit 1** Kali9/GI; **Unit 2** Igoriss/GI; Cyrop/GI; Vladyslav Zamrii/GI; Andreas von Einsiedel/GI; **Unit 3** Floortje/GI; Kutaytanir/GI; By-studio/GI; Mark Sullivan/GI; Miakievy/GI; Larrybraunphotography.com/GI; **Unit 4** Connect Images/GI; Luc Teboul/GI; Liudmila Chernetska/GI; Lidiya Buzuevskaya/GI; Bonetta/GI; Yevgen Romanenko/GI; Iryna Veklich/GI; Pol Albarrán/GI; Alexander Spatari/GI; **Unit 1–4 Practical corner** Sergey Nazarov/GI; Juliya Shapoval/GI; Cybermama/GI; CasarsaGuru/GI; Anna Frank/GI; **Unit 1–4 Review** Federico Contreras/GI; **Unit 5** Skodonnell/GI; MirageC/GI; Kokoroyuki/GI; Ranplett/GI; EF Volart/GI; **Unit 6** Dianazh/GI; Floortje/GI; Malerapaso/GI; David Freund/GI; Mbortolino/GI; Panda3800/GI; Michaelmjc/GI; Shell_114/GI; **Unit 8** AdShooter/GI; **Unit 5–8 Practical corner** Xavierarnau/GI; Cavan Images/GI; Antony Trivet/500px/GI; **Unit 5–8 Review** Miodrag Ignjatovic/GI; **Unit 9** Connect Images/GI; Alexander Spatari/GI; CYCLONEPROJECT/GI; Science Photo Library/GI; **Unit 10** Peter Dazeley/GI; **Unit 11** Mbortolino/GI; Akinbostanci/GI; ExperienceInteriors/GI; **Unit 12** Yagi Studio/GI; **Unit 9–12 Practical corner** Peter Dazeley/GI; Daniel Bosma/GI; **Unit 9–12** Review Kate_sept2004/GI; SolStock/GI; Pol Albarrán/GI; **Unit 13** © Marco Bottigelli/GI; Joe Regan/GI; Servalpe/GI; EMS-FORSTER-PRODUCTIONS/GI; **Unit 14** Timandtim/GI; Yaorusheng/GI; AlexSecret; Ihsanyildizli/GI; Bernhard Lang/GI; Blend Images - Stretch Photography/GI; **Unit 15** Xavier Lorenzo/GI; YinYang/GI; Justin Lambert/GI; Photoartbox/GI; **Unit 16** Andy Sacks/GI; Somnuk Krobkum/GI; Andriy Onufriyenko/GI; **Unit 13–16 Review** Sean Gladwell/GI; **Unit 13–16** Practical Corner MirageC/GI; Patricia Marroquin/GI Thomas Barwick/GI

Key: GI = Getty Images